Martin Heidegger · Erläuterungen zu Hölderlins Dichtung

Martin Heidegger

Erläuterungen zu
Hölderlins Dichtung

KlostermannRoteReihe

Die vorliegende Ausgabe in *Klostermann RoteReihe* ist wort- und seitengleich mit der 3. Auflage des Bandes 4 der Martin Heidegger Gesamtausgabe.
Herausgegeben von Friedrich-Wilhelm von Herrmann

Bibliographische Information der Deutschen Nationalbibliothek

Die Deutsche Nationalbibliothek verzeichnet diese Publikation in der Deutschen Nationalbibliographie; detaillierte bibliographische Daten sind im Internet über *http://dnb.d-nb.de* abrufbar.

7. Auflage 2012

© Vittorio Klostermann GmbH · Frankfurt am Main · 1944
Alle Rechte vorbehalten, insbesondere die des Nachdrucks und der Übersetzung. Ohne Genehmigung des Verlages ist es nicht gestattet, dieses Werk oder Teile in einem photomechanischen oder sonstigen Reproduktionsverfahren oder unter Verwendung elektronischer Systeme zu verarbeiten, zu vervielfältigen und zu verbreiten.
Gedruckt auf EOS Werkdruck von Salzer,
alterungsbeständig ⊚ ISO 9706 und PEFC-zertifiziert.
Gesamtverarbeitung: Hubert & Co., Göttingen
Printed in Germany
ISSN 1865-7095
ISBN 978-3-465-04140-5

INHALT

Vorwort	7
»Heimkunft / An die Verwandten«	9
Hölderlin und das Wesen der Dichtung	33
»Wie wenn am Feiertage...«	49
»Andenken«	79
Hölderlins Erde und Himmel	152
Das Gedicht	182

Anhang

Vorbemerkung zur Wiederholung der Rede	193
Vorwort zur Lesung von Hölderlins Gedichten	195
Ein Blick in die Werkstatt	199
Anmerkungen	203
Nachwort des Herausgebers	205

VORWORT ZUR
VIERTEN, ERWEITERTEN AUFLAGE

Die vorliegenden *Erläuterungen* beanspruchen nicht, Beiträge zur literaturhistorischen Forschung und zur Ästhetik zu sein. Sie entspringen einer Notwendigkeit des Denkens.

VORWORT ZUR ZWEITEN AUFLAGE

Die bisher gesondert veröffentlichten Versuche zur Erläuterung einiger Gedichte Hölderlins sind hier unverändert zusammengenommen.

Die Erläuterungen gehören in das Gespräch eines Denkens mit einem Dichten, dessen geschichtliche Einzigkeit niemals literarhistorisch bewiesen, in die jedoch durch das denkende Gespräch gewiesen werden kann.

Eine früher schon mitgeteilte Bemerkung sagt über das Erläutern folgendes:

Was die Gedichte Hölderlins in Wahrheit sind, wissen wir trotz der Namen »Elegie« und »Hymne« bis zur Stunde nicht. Die Gedichte erscheinen wie ein tempelloser Schrein, worin das Gedichtete aufbewahrt ist. Die Gedichte sind im Lärm der »undichterischen Sprachen« wie eine Glocke, die im Freien hängt und schon durch einen leichten, über sie kommenden Schneefall verstimmt wird. Vielleicht deshalb sagt Hölderlin in späteren Versen einmal das Wort, das wie Prosa klingt und doch dichterisch ist wie kaum eines (Entwurf zu Kolomb IV, 395):

> »Von wegen geringer Dinge
> Verstimmt wie vom Schnee war
> Die Glocke, womit
> Man läutet
> Zum Abendessen.«

Vielleicht ist jede Erläuterung dieser Gedichte ein Schneefall auf die Glocke. Was immer auch eine Erläuterung vermag und was sie nicht vermag, von ihr gilt stets dieses: damit das im Gedicht rein Gedichtete um einiges klarer dastehe, muß die erläuternde Rede sich und ihr Versuchtes jedesmal zerbrechen. Um des Gedichteten willen muß die Erläuterung des Gedichtes danach trachten, sich selbst überflüssig zu machen. Der letzte, aber auch der schwerste Schritt jeder Auslegung besteht darin, mit ihren Erläuterungen vor dem reinen Dastehen des Gedichtes zu verschwinden. Das dann im eigenen Gesetz stehende Gedicht bringt selbst unmittelbar ein Licht in die anderen Gedichte. Daher meinen wir beim wiederholenden Lesen, wir hätten die Gedichte schon immer so verstanden. Es ist gut, wenn wir das meinen.

»HEIMKUNFT / AN DIE VERWANDTEN«

1 Drinn in den Alpen ists noch helle Nacht und die Wolke,
  Freudiges dichtend, sie dekt drinnen das gähnende Thal.
  Dahin, dorthin toset und stürzt die scherzende Bergluft,
  Schroff durch Tannen herab glänzet und schwindet ein Stral.
  Langsam eilt und kämpft das freudigschauernde Chaos,
  Jung an Gestalt, doch stark, feiert es liebenden Streit
  Unter den Felsen, es gährt und wankt in den ewigen Schranken,
  Denn bacchantischer zieht drinnen der Morgen herauf.
  Denn es wächst unendlicher dort das Jahr und die heilgen
  Stunden, die Tage, sie sind kühner geordnet, gemischt.
  Dennoch merket die Zeit der Gewittervogel und zwischen
  Bergen, hoch in der Luft weilt er und rufet den Tag.
  Jezt auch wachet und schaut in der Tiefe drinnen das Dörflein,
  Furchtlos, Hohem vertraut, unter den Gipfeln hinauf.
  Wachstum ahnend, denn schon, wie Blize, fallen die alten
  Wasserquellen, der Grund unter den Stürzenden dampft,
  Echo tönet umher, und die unermessliche Werkstatt
  Reget bei Tag und Nacht, Gaaben versendend, den Arm.

2 Ruhig glänzen indess die silbernen Höhen darüber,
  Voll mit Rosen ist schon droben der leuchtende Schnee.
  Und noch höher hinauf wohnt über dem Lichte der reine
  Seelige Gott vom Spiel heiliger Stralen erfreut.
  Stille wohnt er allein, und hell erscheinet sein Antliz,
  Der ätherische scheint Leben zu geben geneigt,
  Freude zu schaffen, mit uns, wie oft, wenn, kundig des Maases,
  Kundig der Athmenden auch zögernd und schonend der Gott
  Wohlgediegenes Glük den Städten und Häussern und milde
  Reegen, zu öffnen das Land, brütende Wolken, und euch,
  Trauteste Lüfte dann, euch, sanfte Frühlinge, sendet,
  Und mit langsamer Hand Traurige wieder erfreut,
  Wenn er die Zeiten erneut, der Schöpferische, die stillen
  Herzen der alternden Menschen erfrischt und ergreifft,

Und hinab in die Tiefe wirkt, und öffnet und aufhellt,
Wie ers liebet, und jezt wieder ein Leben beginnt,
Anmuth blühet, wie einst, und gegenwärtiger Geist kömmt,
Und ein freudiger Muth wieder die Fittige schwellt.

3 Vieles sprach ich zu ihm, denn, was auch Dichtende sinnen
Oder singen, es gilt meistens den Engeln und ihm;
Vieles bat ich, zu lieb dem Vaterlande, damit nicht
Ungebeten uns einst plözlich befiele der Geist;
Vieles für euch auch, die im Vaterlande besorgt sind,
Denen der heilige Dank lächelnd die Flüchtlinge bringt,
Landesleute! für euch, indessen wiegte der See mich,
Und der Ruderer sass ruhig und lobte die Fahrt.
Weit in des Sees Ebene wars Ein freudiges Wallen
Unter den Seegeln und jezt blühet und hellet die Stadt
Dort in der Frühe sich auf, wohl her von schattigen Alpen
Kommt geleitet und ruht nun in dem Hafen das Schiff.
Warm ist das Ufer hier und freundlich offene Thale,
Schön von Pfaden erhellt, grünen und schimmern mich an.
Gärten stehen gesellt und die glänzende Knospe beginnt schon,
Und des Vogels Gesang ladet den Wanderer ein.
Alles scheinet vertraut, der vorübereilende Gruss auch
Scheint von Freunden, es scheint jegliche Miene verwandt.

4 Freilich wohl! das Geburtsland ists, der Boden der Heimath,
Was du suchest, es ist nahe, begegnet dir schon.
Und umsonst nicht steht, wie ein Sohn, am wellenumrauschten
Thor' und siehet und sucht liebende Nahmen für dich,
Mit Gesang ein wandernder Mann, glükseeliges Lindau!
Eine der gastlichen Pforten des Landes ist diss,
Reizend hinauszugehn in die vielversprechende Ferne,
Dort, wo die Wunder sind, dort, wo das göttliche Wild,
Hoch in die Ebnen herab der Rhein die verwegene Bahn bricht,
Und aus Felsen hervor ziehet das jauchzende Thal,
Dort hinein, durchs helle Gebirg, nach Komo zu wandern,
Oder hinab, wie der Tag wandelt, den offenen See;
Aber reizender mir bist du, geweihete Pforte!
Heimzugehn, wo bekannt blühende Wege mir sind,
Dort zu besuchen das Land und die schönen Thale des Nekars,

»Heimkunft / An die Verwandten«

Und die Wälder, das Grün heiliger Bäume, wo gern
Sich die Eiche gesellt mit stillen Birken und Buchen,
Und in Bergen ein Ort freundlich gefangen mich nimmt.

5 Dort empfangen sie mich. O Stimme der Stadt, der Mutter!
O du triffest, du regst Langegelerntes mir auf!
Dennoch sind sie es noch! noch blühet die Sonn' und die Freud' euch,
O ihr Liebsten! und fast heller im Auge, wie sonst.
Ja! das Alte noch ists! Es gedeihet und reifet, doch keines
Was da lebet und liebt, lässet die Treue zurük.
Aber das Beste, der Fund, der unter des heiligen Friedens
Bogen lieget, er ist Jungen und Alten gespart.
Thörig red ich. Es ist die Freude. Doch morgen und künftig
Wenn wir gehen und schaun draussen das lebende Feld,
Unter den Blüthen des Baums, in den Feiertagen des Frühlings
Red' und hoff' ich mit euch vieles, ihr Lieben! davon.
Vieles hab' ich gehört vom grossen Vater und habe
Lange geschwiegen von ihm, welcher die wandernde Zeit
Droben in Höhen erfrischt und waltet über Gebirgen,
Der gewähret uns bald himmlische Gaaben und ruft
Hellern Gesang und schikt viel gute Geister. O säumt nicht,
Kommt, Erhaltenden ihr! Engel des Jahres! und ihr,

6 Engel des Hausses, kommt! in die Adern alle des Lebens,
Alle freuend zugleich, theile das Himmlische sich!
Adle! verjünge! damit nichts Menschlichgutes, damit nicht
Eine Stunde des Tags ohne die Frohen und auch
Solche Freude, wie jezt, wenn Liebende wieder sich finden,
Wie es gehört für sie, schiklich geheiliget sei.
Wenn wir seegnen das Mahl, wen darf ich nennen und wenn wir
Ruhn vom Leben des Tags, saget, wie bring' ich den Dank?
Nenn' ich den Hohen dabei? Unschikliches liebet ein Gott nicht,
Ihn zu fassen, ist fast unsere Freude zu klein.
Schweigen müssen wir oft; es fehlen heilige Nahmen,
Herzen schlagen und doch bleibet die Rede zurük?
Aber ein Saitenspiel leiht jeder Stunde die Töne,
Und erfreuet vieleicht Himmlische, welche sich nahn.

Das bereitet und so ist auch beinahe die Sorge
Schon befriediget, die unter das Freudige kam.
Sorgen, wie diese, muss, gern oder nicht, in der Seele
Tragen ein Sänger und oft, aber die anderen nicht.

»Zu wissen wenig, aber der Freude viel
Ist Sterblichen gegeben, ...«

(IV, 240.)

Nach seinem Namen sagt dieses Gedicht Hölderlins von der Heimkunft. Wir denken dabei an die Ankunft auf dem Boden der Heimat und an die Zusammenkunft mit den Landesleuten in der Heimat. Das Gedicht erzählt eine Fahrt über den See »von schattigen Alpen her« nach Lindau. Der Hauslehrer Hölderlin ist im Frühjahr 1801 aus dem thurgauischen Ort Hauptwyl bei Konstanz über den Bodensee nach seiner schwäbischen Heimat zurückgefahren. So könnte das Gedicht »Heimkunft« eine Poesie über eine fröhliche Heimreise darstellen. Doch die letzte auf das Wort der »Sorge« gestimmte Strophe verrät nichts von der Fröhlichkeit dessen, der sorglos in der Heimat ankommt. Das letzte Wort des Gedichtes ist ein jähes »nicht«. Die erste Strophe aber, die das Alpengebirge nennt, steht, selbst ein Gebirge von Versen, unvermittelt da. Sie zeigt nichts von der Wonne des Heimischen. Das »Echo« der »unermeßlichen Werkstatt« des Unheimischen »tönet umher«. Die »Heimkunft«, von solchen Strophen umschlossen, wird sich wohl kaum darin erschöpfen, nur die Ankunft am Ufer des »Geburtslandes« zu sein. Ja sogar schon diese Ankunft am heimischen Gestade ist seltsam genug:

»Alles scheinet vertraut, der vorübereilende Gruß auch
Scheint von Freunden, es scheint jegliche Miene verwandt.«

Menschen und Dinge der Heimat muten vertraut an. Aber sie sind es noch nicht. Also verschließen sie das Eigenste. Drum spricht die Heimat unmittelbar nach der Ankunft dem Ankommenden das Wort zu:

»Was du suchest, es ist nahe, begegnet dir schon.«

Mit der Ankunft hat der Heimkehrende die Heimat noch nicht erreicht. Also ist sie »schwer zu gewinnen, die Verschlossene« (Die Wanderung IV, 170). Deshalb bleibt auch der Ankommende noch ein Suchender. Allein das Gesuchte begegnet ihm schon. Es ist nahe. Aber das Gesuchte ist noch nicht gefunden, wenn »finden« heißt, den Fund zu eigen bekommen, um in ihm als dem Eigentum zu wohnen.

> »Aber das Beste, der Fund, der unter des heiligen Friedens
> Bogen lieget, er ist Jungen und Alten gespart.«

Hölderlin hat spät noch eine zweite Reinschrift des Gedichtes geändert und statt »Aber das Beste, der Fund...« die Worte geschrieben: »Aber der Schatz, das Deutsche ... ist noch gespart.« Das Eigenste der Heimat ist zwar längst bereitet und denen, die das Geburtsland bewohnen, schon zugeschickt. Das Eigenste der Heimat ist bereits das Geschick einer Schickung, oder wie wir jetzt dies Wort sagen: Geschichte. Doch in der Schickkung ist das Eigene gleichwohl noch nicht übereignet. Es wird noch zurückbehalten. Deshalb ist auch, was allein der Schickung gemäß bleibt, das Schickliche noch nicht gefunden. Was dann aber schon geschenkt und doch zugleich versagt wird, heißt das Gesparte. Als der gesparte begegnet der Fund schon und bleibt doch das Gesuchte. Warum? Weil sie, »die im Vaterlande besorgt sind«, noch nicht dafür bereit geworden, das Eigenste der Heimat, »das Deutsche«, als ihr Eigentum zu haben. Dann besteht gar die Heimkunft darin, daß die Landesleute in dem noch vorenthaltenen Wesen der Heimat erst heimisch werden, ja vordem noch darin, daß die »Lieben« zuhaus das Heimischwerden erst lernen. Dazu ist nötig, das Eigenste und Beste der Heimat im voraus zu kennen. Wie aber sollen wir dies finden, es sei denn so, daß für uns ein Suchender ist, und daß das gesuchte Wesen der Heimat sich selbst ihm zeigt?

> »Was du suchest, es ist nahe, begegnet dir schon.«

Das freundlich Offene, das Erhellte, das Schimmernde, das Glänzende, das Leuchtende der Heimat begegnet in einem einzigen freundlichen Scheinen bei der Ankunft an der Pforte des Landes.

» Heimkunft / An die Verwandten «   15

Die ist

> »Reizend hinauszugehn in die vielversprechende Ferne,
> . . . . . .
> Aber reizender (ist sie dem Dichter)
> Heimzugehn, wo bekannt blühende Wege mir sind,
> Dort zu besuchen das Land und die schönen Thale des Nekars,
> Und die Wälder, das Grün heiliger Bäume, wo gern
> Sich die Eiche gesellt mit stillen Birken und Buchen,
> Und in Bergen ein Ort freundlich gefangen mich nimmt.«

Wie sollen wir dieses stille Scheinen, in dem alles, Dinge und Menschen, dem Suchenden den Gruß entbietet, nennen? Wir müssen das Einladende der Heimat, das schon begegnet, mit dem Wort benennen, das die ganze Dichtung »Heimkunft« überleuchtet, mit dem Wort »das Freudige«. In der zweiten Strophe ist die Rede vom »Freudigen« und von der »Freude« gehäuft, fast so in der letzten. In den übrigen Strophen erklingen diese Worte spärlicher. Nur in der vierten Strophe, die den Anblick des Freudigen unmittelbar sagt, fehlt das Wort. Der Beginn des Gedichtes aber nennt das »Freudige« sogleich in seinem Bezug zum Dichten:

> »Drinn in den Alpen ists noch helle Nacht und die Wolke,
> Freudiges dichtend, sie dekt drinnen das gähnende Thal.«

Das Freudige ist das Gedichtete. Das Freudige wird aus der Freude in diese gestimmt. Dadurch ist es das Erfreute und also das Sichfreuende. Dieses kann selbst wieder anderes erfreuen. So ist das Freudige zugleich das Erfreuende. Die Wolke »drinn in den Alpen« verweilt nach oben zu, den »silbernen Höhen« entgegen. Sie entdeckt sich der ragenden Helle des Himmels, während sie zugleich »dekt« ... »das gähnende Thal«. Die Wolke läßt sich anblicken von der offenen Helle. Die Wolke dichtet. Weil sie in das blickt, wovon sie selbst angeblickt wird, ist ihr Gedichtetes nicht eitel erdacht und erfunden. Das Dichten ist ein Finden. Dabei muß die Wolke freilich über sich hinausgehen zu solchem, was nicht mehr sie selbst ist. Das Gedichtete entsteht nicht durch sie. Das Gedichtete kommt nicht aus der Wolke. Es kommt über sie als das, dem die Wolke entgegenweilt. Die offene Helle, in der die Wolke verweilt, heitert dieses Verweilen auf. Die Wolke ist aufgeheitert in das Heitere. Was sie dichtet, das »Freudige«, ist das Heitere. Wir nennen dies auch das »Aufgeräumte«. Wir denken dies Wort jetzt und künftig in einem strengen Sinne. Das Aufgeräumte ist in seiner Räumlichkeit freigemacht, gelichtet und gefügt. Das Heitere, das Aufgeräumte, vermag allein, anderem seinen gemäßen Ort einzuräumen. Das Freudige hat sein Wesen im Heiteren, das aufheitert. Das Heitere selbst wiederum zeigt sich zuerst im Erfreuenden. Indem die Aufheiterung alles lichtet, gewährt das Heitere jeglichem Ding den Wesensraum, in den es seiner Art nach gehört, um dort, im Glanz des Heiteren, wie ein stilles Licht, genügsam mit dem eigenen Wesen, zu stehen. Dem heimkommenden Dichter leuchtet das Erfreuende entgegen,

»... wo gern
Sich die Eiche gesellt mit stillen Birken und Buchen,
Und in Bergen ein Ort freundlich gefangen mich nimmt.«

Nahe ist der sachte Bann der allbekannten Dinge und ihrer einfachen Verhältnisse. Nahender aber noch und näher, wenngleich auch unscheinbarer denn Birken und Berge und darum auch meistens übersehen und übergangen, ist das Heitere selbst, worinnen erst Menschen und Dinge erscheinen. Das Heitere verweilt in seinem unauffälligen Scheinen. Es fordert nichts für sich und ist kein Gegen-stand und gleichwohl nicht »nichts«. Im Freudigen jedoch, das dem Dichter zunächst begegnet, waltet schon der Gruß dessen, was aufheitert. Die aber, die den Gruß des Heiteren entbieten, sind die Boten, ἄγγελοι, die »Engel«. Deshalb ruft der Dichter, indem er das begegnende Freudige der Heimat begrüßt, in der »Heimkunft« die »Engel des Hauses« und »die Engel des Jahres«.

»Das Hauss« meint hier den Raum, der den Menschen jenes einräumt, worin allein sie »zu hauss« und so im Eigenen ihres Ge-

»*Heimkunft* / *An die Verwandten*« 17

schickes sein können. Diesen Raum verschenkt die unversehrte Erde. Sie räumt den Völkern ihren Geschichtsraum ein. Die Erde heitert »das Hauss« auf. Die also aufheiternde Erde ist der erste Engel »des Hausses«.
»Das Jahr« räumt die Zeiten ein, die uns die Jahreszeiten heißen. Im »gemischten« Spiel der feurigen Helle und des frostigen Dunkels, das die Zeiten gewähren, erblühen die Dinge und verschließen sich wieder. Die Zeiten »des Jahres« schenken im Wechsel des Heiteren dem Menschen die Weile, die seinem geschichtlichen Aufenthalt im »Hauss« zugemessen ist. »Das Jahr« entbietet seinen Gruß im Spiel des Lichtes. Das aufheiternde Licht ist der erste »Engel des Jahres«.

Beide, Erde und Licht, die »Engel des Hausses« und die »Engel des Jahres«, heißen die »Erhaltenden«, weil sie als die Grüßenden das Heitere zum Scheinen bringen, in dessen Klarheit die »Natur« der Dinge und der Menschen heil bewahrt ist. Was heil bewahrt bleibt, ist »heimisch« in seinem Wesen. Die Boten grüßen aus dem Heiteren, das alles heimisch sein läßt. Das Heimische zu gewähren, ist das Wesen der Heimat. Sie begegnet schon — nämlich im Freudigen, worin das Heitere zunächst erscheint.
Doch was da schon begegnet, bleibt dennoch das Gesuchte. Weil jedoch das Freudige nur dort begegnet, wo ihm ein Dichten entgegengrüßt, erscheinen auch die Engel, die Boten des Heiteren, nur dann, wenn Dichtende sind. Darum steht im Gedicht »Heimkunft« das Wort:

». . . . . denn, was auch Dichtende sinnen
Oder singen, es gilt meistens den Engeln und ihm;«

»Meistens den Engeln« gilt der Gesang des dichtenden Wortes, weil sie als die Boten des Heiteren die Nächsten sind, »welche sich nahn«; »und ihm« gilt das dichtende Sagen. Das »und« bedeutet hier soviel wie »und vor allem« — »ihm«.

Wer ist Er? Wenn »ihm« zuhöchst das Dichten gilt, das Dichten aber Freudiges dichtet, dann wohnt Er im Freudigsten. Was aber ist dies und wo ist es?

Die Wolke »Freudiges dichtend« gibt das Zeichen. Die Wolke schwebt zwischen den Gipfeln der Alpen und deckt die Klüfte des Gebirges, in deren lichtlose Tiefe der aufheiternde Lichtstrahl hinabwirkt. Darum »feiert« dort, »unter den Felsen«, das junge Chaos »liebenden Streit« und »feiert« »freudigschauernd«. Die Wolke aber, ein »Hügel des Himmels« (IV, 71), träumt zwischen den Höhen ins Freudige. Die Wolke zeigt, indem sie dichtet, hinauf in das Heitere.

> »Ruhig glänzen indess die silbernen Höhen darüber,
> Voll mit Rosen ist schon droben der leuchtende Schnee.
> Und noch höher hinauf wohnt über dem Lichte der reine
> Seelige Gott vom Spiel heiliger Stralen erfreut.«

Im Alpengebirg ereignet sich das immer stillere Sichüberhöhen des Hohen bis in das Höchste. Die Gipfel des Gebirges, das der äußerste Bote der Erde ist, ragen ins Licht, dem »Engel des Jahres« entgegen. Deshalb sind sie »die Gipfel der Zeit«. Doch über das Licht noch hinauf lichtet sich erst das Heitere in die reine Aufheiterung, ohne die auch dem Licht niemals seine Helle eingeräumt wäre. Das Höchste »über dem Lichte« ist die strahlende Lichtung selbst. Wir nennen nach einem älteren Wort unserer Muttersprache das reine Lichtende, das jedem »Raum« und jedem »Zeitraum« erst das Offene »einräumt« und d. h. hier gewährt, »die Heitere«. Sie ist in einem zumal die Klarheit (claritas), in deren Helle alles Klare ruht, und die Hoheit (serenitas), in deren Strenge alles Hohe steht, und die Frohheit (hilaritas), in deren Spiel alles Freigelöste schwingt. Die Heitere behält und hat alles im Unverstörten und Heilen. Die Heitere heilt ursprünglich. Sie ist das Heilige. »Das Höchste« und »das Heilige« ist für den Dichter das Selbe: die Heitere. Sie bleibt als der Ursprung alles Freudigen das Freudigste. In diesem ereignet sich die reine Aufheiterung. Hier im »Höchsten« wohnt

»Heimkunft / An die Verwandten«

»der Hohe«, der ist, wer er ist, als der »vom Spiel heiliger Stralen« Er-freute: d e r Freudige. Wenn je Einer, dann scheint er geneigt, »Freude zu schaffen, mit uns«. Weil sein Wesen die Aufheiterung ist, »liebt er es«, »zu öffnen« und »aufzuhellen«. Durch die klare Heitere »öffnet« er die Dinge in das Erfreuende ihrer Gegenwart. Durch die frohe Heitere hellt er das Gemüt der Menschen auf, damit ihr Mut offen sei für das Gediegene ihrer Felder, Städte und Häuser. Durch die hohe Heitere läßt er erst die finstere Tiefe in ihr Gelichtetes klaffen. Was wäre Tiefe ohne Lichtung?
Selbst »Traurige« erfreut »der Freudige« wieder, wenngleich »mit langsamer Hand«. Er nimmt die Trauer nicht fort, sondern er wandelt sie, indem er die Trauernden ahnen läßt, daß selbst Trauer nur aus »alten Freuden« entspringt. Der Freudige ist der »Vater« alles Erfreuenden. Er, der in der Heitere wohnt, läßt sich jetzt nur erst nach dieser Wohnstatt benennen. Der Hohe heißt »der Äther«, *Αἰϑήρ*. Die lüftende »Luft« und das lichtende »Licht« und die mit ihnen erblühende »Erde« sind die »einigen drei«, in denen die Heitere sich aufheitert und Freudiges aufgehen läßt und im Freudigen die Menschen grüßt.
Doch wie kommt die Heitere aus ihrer Höhe zu den Menschen? Der Freudige und die freudigen Boten der Aufheiterung, der Vater Äther und der Engel des Hauses, die Erde, und der Engel des Jahres, das Licht, vermögen für sich allein nichts. Die einigen drei müssen, obzwar für alles Freudige die Liebsten, die im Umkreis der Heiteren wohnen, in ihrem »Wesen«, nämlich bei der Aufheiterung, fast ermatten, wenn nicht zuzeiten einer ist, der zuerst und deshalb allein dem Freudigen dichtend entgegenkommt und ihm schon gehört. Darum sagt die Elegie, deren Name »Der Wanderer« schon die Beziehung zur späteren Elegie »Heimkunft« bezeugt, dieses (IV, 105 f.):

> »Und so bin ich allein. Du aber, über den Wolken,
> Vater des Vaterlands! mächtiger Äther! und du,
> Erd' und Licht! ihr einigen drei, die walten und lieben,
> Ewige Götter! mit euch brechen die Bande mir nie.

»*Heimkunft / An die Verwandten*«

Ausgegangen von euch, mit euch auch bin ich gewandert,
Euch, ihr Freudigen, euch bring' ich erfahrner zurük.«

Erde und Licht, die Engel des Hauses und des Jahres, heißen hier in der »Wanderung« »Götter«. Auch in der ersten Reinschrift der Elegie »Heimkunft« hat Hölderlin noch gesagt: »Götter des Jahres« und »Götter des Hausses«. Insgleichen heißt es in der ersten Reinschrift der letzten Strophe von »Heimkunft« (v. 94) statt »ohne die Frohen« noch »ohne die Götter«. Sind in der späteren Fassung die Götter zu bloßen Engeln herabgesetzt? Oder sind neben die Götter auch Engel getreten? Nein — sondern jetzt wird durch den Namen »die Engel« das Wesen der sonst so genannten »Götter« reiner gesagt. Denn die Götter sind die Aufheiternden, die in der Aufheiterung den Gruß entbieten, den die Heitere sendet. Die Heitere ist der Wesensgrund des Grüßens, d. h. des Engelhaften, worin das Eigenste der Götter besteht. Indem der Dichter mit dem Wort »die Götter« spart und den Namen zögernder sagt, kommt das Eigene der Götter, daß sie die Grüßenden sind, in denen die Heitere grüßt, eher zum Leuchten.

Der heimkommende Wanderer ist im Wesen der Götter, d. h. der Freudigen, erfahrener geworden.

»Was du suchest, es ist nahe, begegnet dir schon.«

Der Dichter hat die Heitere im helleren Blick. Das im Anblick der Heimat begegnende Freudige erblickt er jetzt als das, was nur aus dem Freudigsten sich aufheitert und aus diesem her allein nahe bleibt. Wenn nun aber, »was auch Dichtende sinnen oder singen«, vor allem »ihm« gilt, dem hohen Vater Äther, muß dann der Dichter, der das Freudigste sucht, nicht dort seinen Aufenthalt nehmen, wo die Freudigen wohnen, also an dem Ort, wo nach der ersten Strophe der »Rheinhymne« (IV, 172) sind die

». . . . . . Treppen des Alpengebirgs,
Das mir die göttlichgebaute,

»Heimkunft / An die Verwandten«

> Die Burg der Himmlischen heißt
> Nach alter Meinung, wo aber
> Geheim noch manches entschieden
> Zu Menschen gelanget; . . . . . «—?

Nun führt aber doch die »Heimkunft« den Dichter offenbar vom »Alpengebirg« fort über die Wasser des Sees an das Ufer des Geburtslandes. Der Aufenthalt »unter den Alpen«, die Nähe zum Freudigsten, wird durch die Heimkehr gerade aufgegeben. Noch seltsamer ist freilich, daß gleichwohl über den Wassern, die den Dichter dem Alpengebirg entführen, daß unter den Fittigen des Schiffes, das ihn fortträgt, das Freudige erscheint:

> »Weit in des Sees Ebene wars Ein freudiges Wallen
> Unter den Seegeln . . . . «

Freudigkeit erblüht um den Abschied von der »Burg der Himmlischen«. Wenn wir den Bodensee, der auch »das schwäbische Meer« heißt, geographisch oder verkehrstechnisch oder auch heimatkundlich vorstellen, dann meinen wir den See, der zwischen den Alpen und der oberen Donau liegt, durch den auch der junge Rhein hindurchströmt. So denken wir dieses Wasser noch undichterisch. Wie lange noch? Wie lange noch wollen wir meinen, es gäbe da zunächst eine Natur an sich und eine Landschaft für sich, die dann mit Hilfe von »poetischen Erlebnissen« mythisch gefärbt werde? Wie lange noch sperren wir uns, das Seiende als seiend zu erfahren? Wie lange noch wollen die Deutschen das Wort überhören, das Hölderlin in der ersten Strophe der »Patmos«-Hymne (IV, 199 und 227) gesungen hat?

> »Nah ist
> Und schwer zu fassen der Gott.
> Wo aber Gefahr ist, wächst
> Das Rettende auch.
> Im Finstern wohnen
> Die Adler und furchtlos gehn
> Die Söhne der Alpen über den Abgrund weg
> Auf leichtgebaueten Brüken.

Drum, da gehäuft sind rings
Die Gipfel der Zeit,
Und die Liebsten nahe wohnen, ermattend auf
Getrenntesten Bergen,
So gieb unschuldig Wasser,
O Fittige gieb uns, treuesten Sinns
Hinüberzugehn und wiederzukehren.«

»Hinübergehn« muß der Dichter zum »Alpengebirg«, aber »treuesten Sinns«, will sagen, aus der Treue zur Heimat, um zu ihr zurückzukehren, wo nach dem Wort der »Heimkunft« das Gesuchte »nahe ist«. Dann ist also die Nähe zum Freudigsten, und das heißt doch zum Ursprung alles Freudigen, nicht dort »unter den Alpen«. Dann hat es mit der Nähe zum Ursprung eine geheimnisvolle Bewandtnis. Dann ist die vom Alpengebirg entfernte schwäbische Heimat gerade der Ort der Nähe zum Ursprung. Ja, so ist es. Die ersten Strophen der Hymne »Die Wanderung« sagen es. Diese Hymne hat Hölderlin zusammen mit der Elegie »Heimkunft« 1802 in einem Heft des Taschenbuches »Flora« veröffentlicht. Die rätselvolle Hymne nennt im Beginn die Heimat. Mit Bedacht läßt ihr der Dichter den alten Namen »Suevien«. Dadurch nennt er das älteste, eigenste, noch verborgene, aber anfänglich schon bereiteste Wesen der Heimat (IV, 167).

Die Hymne »Die Wanderung« beginnt:

»Glükseelig Suevien, meine Mutter,
Auch du, der glänzenderen, der Schwester
Lombarda drüben gleich,
Von hundert Bächen durchflossen!
Und Bäume genug, weissblühend und röthlich,
Und dunklere, wild, tiefgrünenden Laubs voll,
Und Alpengebirg der Schweiz auch überschattet,
Benachbartes dich; denn nah dem Heerde des Hausses
Wohnst du, und hörst, wie drinnen
Aus silbernen Opferschaalen

»Heimkunft / An die Verwandten«

Der Quell rauscht, ausgeschüttet
Von reinen Händen, wenn berührt

Von warmen Stralen
Krystallenes Eis und umgestürzt
Vom leichtanregenden Lichte
Der schneeige Gipfel übergießt die Erde
Mit reinestem Wasser. Darum ist
Dir angeboren die Treue. Schwer verläßt
Was nahe dem Ursprung wohnet, den Ort.
Und deine Kinder, die Städte,
Am weithindämmernden See,
An Nekars Weiden, am Rheine,
Sie alle meinen, es wäre
Sonst nirgend besser zu wohnen.«

Suevien, die Mutter, wohnt nahe »dem Heerde des Hausses«. Der Herd hütet die stets gesparte Glut des Feuers, das, wenn es entflammt, die Lüfte und das Licht in die Heitere öffnet. Um das Feuer des Herdes ist die Werkstatt, in der das geheim Entschiedene geschmiedet wird. »Heerd des Hausses«, d. h. der mütterlichen Erde, ist der Ursprung der Aufheiterung, deren Licht erst die Ströme über die Erde ergießt. Suevien wohnt nahe dem Ursprung. Zweimal ist dieses Nahe-wohnen genannt. Die Heimat selbst wohnt nahe. Sie ist der Ort der Nähe zum Herd und Ursprung. Suevien, die Stimme der Mutter, zeigt in das Wesen des Vaterlandes. In der Nähe zum Ursprung gründet die Nachbarschaft zum Freudigsten. Das Eigenste und das Beste der Heimat ruht darin, einzig diese Nähe zum Ursprung zu sein, — und nichts anderes außerdem. Deshalb ist auch dieser Heimat die Treue zum Ursprung angeboren. Darum verläßt einer, wenn er es muß, nur schwer den Ort der Nähe. Wenn nun aber darin, der Ort der Nähe zum Freudigsten zu sein, das Eigenste der Heimat beruht, was ist dann die Heimkunft?
Heimkunft ist die Rückkehr in die Nähe zum Ursprung.
Wiederkehren kann nur, wer vordem und vielleicht schon eine lange Zeit hindurch als der Wanderer die Last der Wanderung

auf die Schulter genommen hat und hinübergegangen ist zum Ursprung, damit er dort erfahre, was das Zu-Suchende sei, um dann als der Suchende erfahrener zurückzukommen.

»Was du suchest, es ist nahe, begegnet dir schon.«

Die jetzt waltende Nähe läßt das Nahe nahe und läßt es doch zugleich das Gesuchte, also nicht nahe sein. Sonst verstehen wir die Nähe als die möglichst geringe Abmessung des Abstandes zweier Örter. Jetzt dagegen erscheint das Wesen der Nähe darin, daß sie das Nahe nahebringt, indem sie es fern-hält. Die Nähe zum Ursprung ist ein Geheimnis.

Wenn nun aber Heimkunft bedeutet, heimischwerden in der Nähe zum Ursprung, muß dann nicht das Heimkommen zuerst und vielleicht lange Zeit darin bestehen, das Geheimnis dieser Nähe zu wissen oder gar erst wissen zu lernen? Doch ein Geheimnis wissen wir niemals dadurch, daß wir es entschleiern und zergliedern, sondern einzig so, daß wir das Geheimnis als das Geheimnis hüten. Wie aber es hüten, ohne es doch — das Geheimnis der Nähe — zu kennen? Dieser Kenntnis wegen muß immer einmal wieder einer, der zuerst heimkommt, das Geheimnis sagen:

»Aber das Beste, der Fund, der unter des heiligen Friedens
Bogen lieget, er ist Jungen und Alten gespart.«

»Der Schatz«, das Eigenste der Heimat, »das Deutsche« ist gespart. Die Nähe zum Ursprung ist eine sparende Nähe. Sie hält das Freudigste zurück. Sie verwahrt und hebt es für die Kommenden auf, aber diese Nähe hebt das Freudigste nicht fort, sondern läßt es als das Aufgehobene gerade erscheinen. Im Wesen der Nähe ereignet sich ein verborgenes Sparen. Daß sie das Nahe spart, ist das Geheimnis der Nähe zum Freudigsten. Der Dichter weiß, daß, wenn er den Fund den gesparten nennt, er solches sagt, wogegen der gewöhnliche Verstand sich sträubt. Sagen, etwas sei nahe, indem es fern bleibe, das heißt doch, entweder die Grundregel des gewohnten Denkens, den Satz vom Widerspruch verletzen, oder aber mit leeren Wörtern spielen, oder gar auf etwas Vermessenes sinnen. Darum muß der Dichter, kaum daß er das Wort vom Geheimnis der sparenden Nähe über sich gebracht hat, sich selbst ins Wort fallen:

»Thörig red ich.«

Aber er redet dennoch. Der Dichter muß reden, denn

»Es ist die Freude.«

Irgendeine unbestimmte Freude über etwas oder die Freude, die nur die Freude ist, weil in ihr das Wesen aller Freuden sich entfaltet? Was ist die Freude? Das ursprüngliche Wesen der Freude ist das Heimischwerden in der Nähe zum Ursprung. Denn in dieser Nähe naht grüßend die Aufheiterung, worin die Heitere erscheint. Der Dichter kommt heim, indem er in die Nähe kommt zum Ursprung. Er kommt in die Nähe, indem er das Geheimnis der Nähe zum Nahen sagt. Er sagt es, indem er das Freudigste dichtet. Das Dichten macht nicht erst dem Dichter eine Freude, sondern das Dichten ist die Freude, die Aufheiterung, weil im Dichten das erste Heimkommen besteht. Die Elegie »Heimkunft« ist nicht ein Gedicht über die Heimkunft, sondern die Elegie ist als die Dichtung, die sie ist, das Heimkommen selbst, das sich noch ereignet, solange ihr Wort als die Glocke in der Sprache der Deutschen läutet. Dichten heißt, in der Freude sein, die das Geheimnis der Nähe zum Freudigsten im Wort behütet. Die Freude ist d i e Freude des Dichters, nach seinem Wort (v. 100) »unsere Freude«. Die dichtende Freude ist das Wissen davon, daß in allem Freudigen, das schon begegnet, das Freudige grüßt, indem es sich spart. Damit also die sparende Nähe zum Freudigsten gehütet bleibe, muß das dichtende Wort dafür sorgen, daß im Freudigen nicht das übereilt und verloren werde, was aus ihm her grüßt, aber grüßt als das Sichsparende. So ist, weil für die Behütung der sich sparenden Nähe des Freudigsten gesorgt werden muß, unter das Freudige die Sorge gekommen. Darum ist die Freude des Dichters in Wahrheit die Sorge des Sängers, dessen Singen das Freudigste als das Gesparte hütet und das Gesuchte in der sparenden Nähe nahe sein läßt.

»Heimkunft / An die Verwandten«

Wie aber muß dann, wenn unter das Freudigste die Sorge gekommen ist, der Dichter das Freudigste sagen? Hölderlin hat um die Zeit der Elegie »Heimkunft« und der Hymne »Die Wanderung« in einem »Epigramm« aufgeschrieben, wie der Gesang des Freudigsten, d. h. des Gesparten, wie also der »Gesang des Deutschen« zu singen sei; das Epigramm trägt den Titel »Sophokles« und lautet (IV, 3):

> »Viele versuchten umsonst, das Freudigste freudig zu sagen,
> Hier spricht endlich es mir, hier in der Trauer sich aus.«

Jetzt wissen wir, warum der Dichter zu der Zeit, da er in die Heimat als den Ort der sparenden Nähe zum Ursprung heimkommt, »die Trauerspiele des Sophokles« übersetzen mußte. Die Trauer, durch eine Kluft geschieden vom bloßen Trübsinn, ist die Freude, die aufgeheitert ist für das Freudigste, sofern es sich noch spart und zögert. Woher sonst käme denn auch das weithin tragende innere Licht der Trauer, wenn sie nicht in ihrem verborgenen Grunde die Freude zum Freudigsten wäre?
Allein die im »Übersetzen« und in »Anmerkungen« dichtende Zwiesprache Hölderlins mit Sophokles gehört zwar zur dichtenden Heimkunft, aber sie erschöpft diese nicht. Deshalb schließt die Widmung, die Hölderlin seiner Übersetzung der »Trauerspiele des Sophokles« auf den Weg gegeben hat, mit dem Geständnis (V, 91):

> »Sonst will ich, wenn es die Zeit giebt, die Eltern unsrer
> Fürsten und ihre Size und die Engel des heiligen Vaterlands singen.«

»Sonst«, so lautet hier das scheue Wort für »eigentlich«. Denn jetzt und künftig gilt der Gesang »meistens den Engeln und ihm«. Der Hohe, der die Heitere des Heiligen bewohnt, ist, wenn irgendwer, am ehesten nahe innerhalb der sparenden Nähe, in der die sparsame Freude des Dichters heimisch geworden. Doch

> »Ihn zu fassen, ist fast unsere Freude zu klein.«

»Heimkunft / An die Verwandten«

»Fassen« heißt, den Hohen selbst nennen. Dichtend nennen bedeutet: im Wort den Hohen selbst erscheinen lassen, nicht nur seine Wohnstatt, die Heitere, das Heilige sagen, nicht nur ihn erst im Hinblick auf seine Wohnstatt benennen. Ihn selbst aber zu nennen, dahin reicht sogar die trauernde Freude noch nicht, wenngleich sie doch in der schicklichen Nähe zum Hohen verweilt.
Wohl kann zuweilen »das Heilige« genannt und aus seiner Aufheiterung das Wort gesagt werden. Aber diese »heiligen« Worte sind keine nennenden »Nahmen«:

» . . . . es fehlen heilige Nahmen,«

Wer Er selbst ist, der im Heiligen wohnt, das zu sagen und sagend ihn selbst erscheinen zu lassen, dafür fehlt das nennende Wort. Darum bleibt jetzt das dichtende »Singen«, weil ihm das eigentliche, das nennende Wort fehlt, ein wortloses Lied — »ein Saitenspiel«. Zwar folgt das »Lied« des spielenden Mannes überall dem Hohen. Die »Seele« des Sängers blickt zwar in die Heitere, aber der Sänger sieht nicht den Hohen selbst. Der Sänger ist blind. In dem Gedicht »Der blinde Sänger«, dem ein Wort des Sophokles voransteht, sagt Hölderlin (IV, 58):

> »Ihm nach, ihr meine Saiten! es lebt mit ihm
> Mein Lied, und wie die Quelle dem Strome folgt,
> Wohin er denkt, so muß ich fort und
> Folge dem Sicheren auf der Irrbahn.«

»Ein Saitenspiel« — das ist der scheueste Name für das zögernde Singen des sorgenden Sängers:

> »Aber ein Saitenspiel leiht jeder Stunde die Töne,
> Und erfreuet vieleicht Himmlische, welche sich nahn.
> Das bereitet . . . .«

Den grüßenden Boten, die den Gruß des noch gesparten Fundes bringen, für ihr Nahen freudig die schickliche Nähe zu bereiten, dies bestimmt den Beruf des heimkommenden Dichters. Das Heilige zwar erscheint. Der Gott aber bleibt fern. Die Zeit des gesparten Fundes ist das Weltalter, da der Gott fehlt. Der »Fehl« des Gottes ist der Grund für das Fehlen »heiliger Nahmen«. Weil jedoch der Fund als der gesparte gleichwohl nahe ist, grüßt im Nahen der Himmlischen der fehlende Gott. Deshalb ist »Gottes Fehl« auch kein Mangel. Darum dürfen die Landesleute auch nicht dahin trachten, durch Listen einen Gott selbst zu machen und so mit Gewalt den vermeintlichen Mangel auf die Seite zu bringen. Sie dürfen aber auch nicht darin sich bequemen, auf einen gewohnten Gott sich nur noch zu berufen. Auf solchen Wegen würde ja die Gegenwart des Fehls versäumt. Ohne die durch den Fehl bestimmte und deshalb sparende Nähe könnte aber der Fund nicht in der Weise nahe sein, wie er nahe ist. Darum gilt für die Sorge des Dichters nur das eine: ohne Furcht vor dem Schein der Gottlosigkeit dem Fehl Gottes nahe zu bleiben und in der bereiteten Nähe zum Fehl so lange zu harren, bis aus der Nähe zum fehlenden Gott das anfängliche Wort gewährt wird, das den Hohen nennt.

Hölderlin hat in dem selben Heft, worin die Elegie »Heimkunft« und die Hymne »Die Wanderung« erschienen, auch ein Gedicht mitgeteilt, das überschrieben ist »Dichterberuf«. Diese Dichtung gipfelt in der Strophe (IV, 147):

> »Furchtlos bleibt aber, so er es muß, der Mann
> Einsam vor Gott, es schüzet die Einfalt ihn,
> Und keiner Waffen braucht's und keiner
> Listen, so lange, bis Gottes Fehl hilft.«

Der Beruf des Dichters ist die Heimkunft, durch die erst die Heimat als das Land der Nähe zum Ursprung bereitet wird. Das Geheimnis der sparenden Nähe zum Freudigsten hüten und es hütend entfalten, das ist die Sorge der Heimkunft. Darum endet die Dichtung in das Wort:

> »Sorgen, wie diese, muß, gern oder nicht, in der Seele
> Tragen ein Sänger und oft, aber die anderen nicht.«

Wer sind »die anderen«, zu denen das jähe »nicht« gesagt ist? Das Gedicht, das also schließt, trägt über seinem Beginn die

»Heimkunft / An die Verwandten«

Widmung »An die Verwandten«. Wozu soll jedoch den Landesleuten, die von jeher in der Heimat sind, erst noch die »Heimkunft« gesagt werden? Dem heimkehrenden Dichter begegnet der vorübereilende Gruß der Landesleute. Sie scheinen verwandt zu sein, aber sie sind es noch nicht — verwandt nämlich mit ihm, dem Dichter. Gesetzt aber, die zuletzt genannten »anderen« seien diejenigen, die erst die Verwandten des Dichters werden sollen, warum schließt sie dann der Dichter gerade von der Sorge des Sängers aus?

Das jähe »nicht« entbindet »die anderen« zwar von der Sorge des dichtenden Sagens, aber keineswegs von der Sorge des Hörens auf das, was hier in der »Heimkunft« »Dichtende sinnen oder singen«. Das »nicht« ist der geheimnisvolle Ruf »an« die anderen im Vaterlande, Hörende zu werden, damit sie das Wesen der Heimat erst wissen lernen. »Die anderen« müssen erst lernen, das Geheimnis der sparenden Nähe zu bedenken. In solchem Denken erst bilden sich die Bedachtsamen, die den gesparten und im Wort der Dichtung verwahrten Fund nicht übereilen. Aus den Bedachtsamen werden die Langsamen des langen Mutes, der selbst wieder lernt, den noch währenden Fehl des Gottes auszuharren. Die Bedachtsamen und Langsamen erst sind die Sorgsamen. Sie sind, weil sie an das in der Dichtung Gedichtete denken, mit der Sorge des Sängers dem Geheimnis der sparenden Nähe zugewendet. Aus dieser einigen Hingebung zum Selben sind die sorgsam Hörenden mit der Sorge des Sagenden verwandt, sind »die anderen« »die Verwandten« des Dichters.

Gesetzt also, daß die auf dem Boden des Geburtslandes nur Ansässigen die ins Eigene der Heimat Heimgekommenen noch nicht sind; gesetzt aber auch, daß zum dichtenden Wesen der Heimkunft gehört, über die bloß zugefallene Habe der einheimischen Dinge und des eigenen Lebens hinaus offen zu sein für den Ursprung des Freudigen, dies beides gesetzt, sind dann nicht die Söhne der Heimat, die fern dem Boden der Heimat, aber mit dem Blick in die Heitere der ihnen entgegen leuchtenden Heimat ihr Leben für den noch gesparten Fund verwenden und im Opfergang verschwenden — sind dann nicht diese Söhne der Heimat die nächsten Verwandten des Dichters? Ihr Opfer birgt in sich den dichtenden Zuruf an die Liebsten in der Heimat, der gesparte Fund möge ein gesparter bleiben.

Er bleibt es, wenn aus denen, »die im Vaterlande besorgt sind«, die Sorgsamen werden. Dann ist die Verwandtschaft mit dem Dichter. Dann ist Heimkunft. Diese Heimkunft aber ist die Zukunft des geschichtlichen Wesens der Deutschen.

Sie sind das Volk des Dichtens und des Denkens. Denn jetzt müssen zuvor Denkende sein, damit das Wort des Dichtenden vernehmbar wird. Das Denken der Sorgsamen allein ist, indem es an das gedichtete Geheimnis der sparenden Nähe denkt, das »Andenken an den Dichter«. Im Andenken beginnt die erste, und das will sagen, die in langer Zeit noch weit-läufige Verwandtschaft mit dem heimkommenden Dichter.

Wie aber — wenn »die anderen« durch das Andenken zu Verwandten werden, sind sie dann nicht dem Dichter zu-gewendet? Gilt dann noch für sie das jähe »nicht«, mit dem die »Heimkunft« endet? Es gilt. Aber es gilt nicht allein. »Die anderen« sind, wenn sie zu Verwandten geworden, zugleich auch noch in einem anderen Sinne die »anderen«. Indem sie auf das gesagte Wort achten und darauf denken, daß es recht gedeutet und behalten werde, helfen sie dem Dichter. Dieses Helfen entspricht dem Wesen der sparenden Nähe, in der das Freudigste naht. Denn gleich wie die grüßenden Boten helfen müssen, daß die Heitere in der Aufheiterung zu den Menschen gelange, gleich dem muß ein Erster sein, der dichtend den grüßenden Boten sich entgegenfreut, um allein und zuvor den Gruß erst ins Wort zu bergen.

Weil aber das Wort, wenn es einmal gesagt ist, der Obhut des sorgenden Dichters entgleitet, kann er nicht leicht das gesagte Wissen vom gesparten Fund und von der sparenden Nähe allein fest in seiner Wahrheit halten. Darum wendet der Dichter sich zu den anderen, daß ihr Andenken helfe, das dichtende Wort zu verstehen, damit im Verstehen für jeden je nach der ihm schicklichen Weise die Heimkunft sich ereigne.

Der Obhut wegen, in der für den Dichter und seine Verwandten das gesagte Wort bleiben muß, nennt der Sänger der »Heimkunft« zur selben Zeit im Gedicht »Dichterberuf« den anderen Bezug des Dichters zu den »anderen«. Hier sagt Hölderlin über den Dichter und sein Wissen vom Geheimnis der sparenden Nähe dieses (IV, 147):

> ». . . . . . . Doch nicht behält er es leicht allein,
> Und gern gesellt, damit verstehn sie
> Helfen, zu anderen sich ein Dichter.«

HÖLDERLIN UND DAS WESEN DER DICHTUNG

NORBERT VON HELLINGRATH
gefallen am 14. Dezember 1916
zum Gedächtnis

DIE FÜNF LEITWORTE

1. Dichten: »Diss unschuldigste aller Geschäffte«. (III, 377.)
2. »Darum ist der Güter Gefährlichstes, die Sprache dem Menschen gegeben ... damit er zeuge, was er sei ...« (IV, 246.)
3. »Viel hat erfahren der Mensch.
   Der Himmlischen viele genannt,
   Seit ein Gespräch wir sind
   Und hören können voneinander.« (IV, 343.)
4. »Was bleibet aber, stiften die Dichter.« (IV, 63.)
5. »Voll Verdienst, doch dichterisch wohnet
   Der Mensch auf dieser Erde.« (VI, 25.)

Warum ist für die Absicht, das Wesen der Dichtung zu zeigen, Hölderlins Werk gewählt? Weshalb nicht Homer oder Sophokles, weshalb nicht Vergil oder Dante, weshalb nicht Shakespeare oder Goethe? In den Werken dieser Dichter ist das Wesen der Dichtung doch auch und sogar reicher verwirklicht als in dem früh und jäh abbrechenden Schaffen Hölderlins.

Das mag sein. Und dennoch ist Hölderlin und er allein gewählt. Aber läßt sich überhaupt am Werk eines einzigen Dichters das allgemeine Wesen der Dichtung ablesen? Das Allgemeine, das heißt: das für vieles Gültige, können wir doch nur in einer vergleichenden Betrachtung gewinnen. Hierzu bedarf es der Vorlage der größtmöglichen Mannigfaltigkeit von Dichtungen und Dichtungsarten. Dabei ist Hölderlins Dichtung nur eine unter vielen anderen. Keineswegs genügt sie allein als Maß für die

Wesensbestimmung der Dichtung. Daher ist unser Vorhaben schon im Ansatz verfehlt. Gewiß — solange wir unter »Wesen der Dichtung« das verstehen, was in einen allgemeinen Begriff zusammengezogen wird, der dann für jede Dichtung in gleicher Weise gilt. Aber dieses Allgemeine, das so für alles Besondere gleich gilt, ist immer das Gleichgültige, jenes »Wesen«, das niemals wesentlich werden kann. Doch eben dieses Wesentliche des Wesens suchen wir, jenes, was uns zur Entscheidung zwingt, ob und wie wir die Dichtung künftig ernst nehmen, ob und wie wir die Voraussetzungen mitbringen, im Machtbereich der Dichtung zu stehen.

Hölderlin ist nicht darum gewählt, weil sein Werk als eines unter anderen das allgemeine Wesen der Dichtung verwirklicht, sondern einzig deshalb, weil Hölderlins Dichtung von der dichterischen Bestimmung getragen ist, das Wesen der Dichtung eigens zu dichten. Hölderlin ist uns in einem ausgezeichneten Sinne der Dichter des Dichters. Deshalb stellt er in die Entscheidung.

Allein — über den Dichter dichten, ist dies nicht das Anzeichen einer verirrten Selbstbespiegelung und zugleich das Eingeständnis des Mangels an Weltfülle? Über den Dichter dichten, ist das nicht ratlose Übersteigerung, etwas Spätes und ein Ende?

Die Antwort sei durch das Folgende gegeben. Der Weg freilich, auf dem wir die Antwort gewinnen, ist ein Notweg. Wir können hier nicht, wie es sein müßte, die einzelnen Dichtungen Hölderlins in einem geschlossenen Gang auslegen. Statt dessen bedenken wir nur fünf Leitworte des Dichters über die Dichtung. Die bestimmte Ordnung dieser Worte und ihr innerer Zusammenhang sollen das wesentliche Wesen der Dichtung vor Augen stellen.

1.

In einem Brief an die Mutter vom Januar 1799 nennt Hölderlin das Dichten »diss unschuldigste aller Geschäffte« (III, 377). Inwiefern ist es das »unschuldigste«? Das Dichten erscheint in der

Hölderlin und das Wesen der Dichtung 35

bescheidenen Gestalt des S p i e l s. Ungebunden erfindet es seine Welt von Bildern und bleibt versonnen im Bereich des Eingebildeten. Dieses Spiel entzieht sich damit dem Ernst der Entscheidungen, die sich jederzeit so oder so schuldig machen. Dichten ist daher völlig harmlos. Und zugleich ist es wirkungslos; denn es bleibt ein bloßes Sagen und Reden. Das hat nichts von der Tat, die unmittelbar in das Wirkliche eingreift und es verwandelt. Dichtung ist wie ein Traum, aber keine Wirklichkeit, ein Spiel in Worten, aber kein Ernst der Handlung. Die Dichtung ist harmlos und wirkungslos. Was ist auch ungefährlicher als die bloße Sprache? Indem wir die Dichtung für das »unschuldigste aller Geschäfte« nehmen, haben wir allerdings noch nicht ihr Wesen begriffen. Wohl aber ist damit ein Fingerzeig gegeben, wo wir suchen müssen. Die Dichtung schafft ihre Werke im Bereich und aus dem »Stoff« der Sprache. Was sagt Hölderlin über die Sprache? Wir hören ein zweites Wort des Dichters.

2.

In einem bruchstückhaften Entwurf, der aus derselben Zeit (1800) wie die angeführte Briefstelle stammt, sagt der Dichter:

»Aber in Hütten wohnt der Mensch, und hüllet sich ins verschämte Gewand, denn inniger ist / achtsamer auch und daß er bewahre den Geist, wie die Priesterin die himmlische Flamme, diss ist sein Verstand. Und darum ist die Willkür ihm / und höhere Macht zu befehlen und zu vollbringen dem Götterähnlichen, und darum ist der Güter Gefährlichstes, die Sprache dem Menschen gegeben, damit er schaffend, zerstörend, und untergehend, und wiederkehrend zur ewiglebenden, zur Meisterin und Mutter, damit er zeuge, was er sei / geerbt zu haben, gelernt von ihr, ihr Göttlichstes, die allerhaltende Liebe« (IV, 246).

Die Sprache, das Feld des »unschuldigsten aller Geschäffte«, ist »der Güter Gefährlichstes«. Wie geht dies beides zusammen? Wir stellen diese Frage vorerst zurück und bedenken die drei Vorfragen: 1. Wessen Gut ist die Sprache? 2. Inwiefern ist sie das gefährlichste Gut? 3. In welchem Sinne ist sie überhaupt ein Gut?

Wir beachten zunächst, an welcher Stelle dieses Wort über die Sprache steht: im Entwurf zu einer Dichtung, die sagen soll, wer der Mensch ist im Unterschied zu den anderen Wesen der Natur; genannt werden die Rose, die Schwäne, der Hirsch im Walde (IV, 300 und 385). In der Absetzung gegen die anderen Lebewesen beginnt das angeführte Bruchstück deshalb mit: »Aber in Hütten wohnet der Mensch.«

Wer ist der Mensch? Jener, der zeugen muß, was er sei. Zeugen bedeutet einmal ein Bekunden; aber zugleich meint es: für das Bekundete in der Bekundung einstehen. Der Mensch ist d e r, der er i s t, eben in der Bezeugung des eigenen Daseins. Diese Bezeugung meint hier nicht einen nachträglichen und beiherlaufenden Ausdruck des Menschseins, sondern sie macht das Dasein des Menschen mit aus. Aber was soll der Mensch bezeugen? Seine Zugehörigkeit zur Erde. Diese Zugehörigkeit besteht darin, daß der Mensch der Erbe ist und der Lernende in allen Dingen. Diese aber stehen im Widerstreit. Was die Dinge im Widerstreit auseinanderhält und damit zugleich zusammenschließt, nennt Hölderlin die »Innigkeit«. Die Bezeugung des Zugehörens zu dieser Innigkeit geschieht durch das Schaffen einer Welt und ihren Aufgang ebenso wie durch die Zerstörung derselben und den Untergang. Die Bezeugung des Menschseins und damit sein eigentlicher Vollzug geschieht aus der Freiheit der Entscheidung. Diese ergreift das Notwendige und stellt sich in die Bindung eines höchsten Anspruchs. Das Zeugesein der Zugehörigkeit in das Seiende im Ganzen geschieht als Geschichte. Damit aber Geschichte möglich sei, ist dem Menschen die Sprache gegeben. Sie ist ein Gut des Menschen.

Inwiefern ist aber die Sprache das »gefährlichste Gut«? Sie ist die Gefahr aller Gefahren, weil sie allererst die Möglichkeit einer Gefahr schafft. Gefahr ist Bedrohung des Seins durch Seiendes. Nun ist aber der Mensch erst kraft der Sprache überhaupt ausgesetzt einem Offenbaren, das a l s Seiendes den Menschen in

Hölderlin und das Wesen der Dichtung 37

seinem Dasein bedrängt und befeuert und als Nichtseiendes täuscht und enttäuscht. Die Sprache schafft erst die offenbare Stätte der Seinsbedrohung und Beirrung und so die Möglichkeit des Seinsverlustes, das heißt — Gefahr. Aber die Sprache ist nicht nur die Gefahr der Gefahren, sondern sie birgt in sich selbst für sich selbst notwendig eine fortwährende Gefahr. Der Sprache ist aufgegeben, das Seiende als solches im Werk offenbar zu machen und zu verwahren. In ihr kann das Reinste und das Verborgenste ebenso wie das Verworrene und Gemeine zu Wort kommen. Ja das wesentliche Wort muß sogar, um verstanden und so für alle ein gemeinsamer Besitz zu werden, sich gemein machen. Demgemäß heißt es in einem anderen Bruchstück bei Hölderlin: »Du sprachest zur Gottheit, aber diss habt ihr all vergessen, daß immer die Erstlinge Sterblichen nicht, daß sie den Göttern gehören. Gemeiner muß, alltäglicher muß die Frucht erst werden, dann wird sie den Sterblichen eigen.« (IV, 238.) Das Reine und das Gemeine sind in gleicher Weise ein Gesagtes. Das Wort als Wort bietet daher nie unmittelbar die Gewähr dafür, ob es ein wesentliches Wort oder ein Blendwerk ist. Im Gegenteil — ein wesentliches Wort nimmt sich in seiner Einfachheit oft aus wie ein Unwesentliches. Und was sich andererseits in seinem Aufputz den Anschein des Wesentlichen gibt, ist nur ein Her- und Nachgesagtes. So muß sich die Sprache ständig in einen von ihr selbst erzeugten Schein stellen und damit ihr Eigenstes, das echte Sagen, gefährden.

In welchem Sinne ist nun aber dieses Gefährlichste ein »Gut« für den Menschen? Die Sprache ist sein Besitztum. Er verfügt über sie zum Zwecke der Mitteilung der Erfahrungen, Entschließungen und Stimmungen. Die Sprache dient zur Verständigung. Als dazu taugliches Werkzeug ist sie ein »Gut«. Allein das Wesen der Sprache erschöpft sich nicht darin, ein Verständigungsmittel zu sein. Mit dieser Bestimmung ist nicht ihr eigentliches Wesen getroffen, sondern lediglich eine Folge ihres Wesens angeführt. Die Sprache ist nicht nur ein Werkzeug, das der Mensch neben vielen anderen auch besitzt, sondern die

Sprache gewährt überhaupt erst die Möglichkeit, inmitten der Offenheit von Seiendem zu stehen. Nur wo Sprache, da ist Welt, das heißt: der stets sich wandelnde Umkreis von Entscheidung und Werk, von Tat und Verantwortung, aber auch von Willkür und Lärm, Verfall und Verwirrung. Nur wo Welt waltet, da ist Geschichte. Die Sprache ist ein Gut in einem ursprünglicheren Sinne. Sie steht dafür gut, das heißt: sie leistet Gewähr, daß der Mensch als geschichtlicher s e i n kann. Die Sprache ist nicht ein verfügbares Werkzeug, sondern dasjenige Ereignis[a], das über die höchste Möglichkeit des Menschseins verfügt. Dieses Wesens der Sprache müssen wir uns erst versichert haben, um den Werkbereich der Dichtung und damit diese selbst wahrhaft zu begreifen. Wie geschieht Sprache? Um für diese Frage die Antwort zu finden, bedenken wir ein drittes Wort Hölderlins.

3.

Wir stoßen auf dieses Wort innerhalb eines großen und verwickelten Entwurfs zu dem unvollendeten Gedicht, das beginnt »Versöhnender, der du nimmergeglaubt...« (IV, 162 ff. und 339 ff.):

»Viel hat erfahren der Mensch.
Der Himmlischen viele genannt,
Seit ein Gespräch wir sind
Und hören können voneinander.« (IV, 343.)

Aus diesen Versen greifen wir zunächst dasjenige heraus, was unmittelbar in den bisher besprochenen Zusammenhang weist: »Seit ein Gespräch wir sind...« Wir — die Menschen — sind ein Gespräch. Das Sein des Menschen gründet in der Sprache; aber diese geschieht erst eigentlich im G e s p r ä c h. Dieses ist jedoch nicht nur eine Weise, wie Sprache sich vollzieht, sondern als Gespräch nur ist Sprache wesentlich. Was wir sonst mit

---

[a] EHD, 2. Auflage 1951: absichtlich zweideutig – streng gesagt müßte es heißen »sondern das Ereignis, das als solches«.

»Sprache« meinen, nämlich einen Bestand von Wörtern und Regeln der Wortfügung, ist nur ein Vordergrund der Sprache. Aber was heißt nun ein »Gespräch«? Offenbar das Miteinandersprechen über etwas. Dabei vermittelt dann das Sprechen das Zueinanderkommen. Allein Hölderlin sagt: »Seit ein Gespräch wir sind und hören können voneinander.« Das Hörenkönnen ist nicht erst eine Folge des Miteinandersprechens, sondern eher umgekehrt die Voraussetzung dafür. Allein auch das Hörenkönnen ist in sich schon wieder auf die Möglichkeit des Wortes ausgerichtet und braucht dieses. Redenkönnen und Hörenkönnen sind gleich ursprünglich. Wir sind ein Gespräch — und das will sagen: wir können voneinander hören. Wir sind ein Gespräch, das bedeutet zugleich immer: wir sind e i n Gespräch. Die Einheit eines Gesprächs besteht aber darin, daß jeweils im wesentlichen Wort das Eine und Selbe offenbar ist, worauf wir uns einigen, auf Grund dessen wir einig und so eigentlich wir selbst sind. Das Gespräch und seine Einheit trägt unser Dasein. Aber Hölderlin sagt nicht einfach: wir sind ein Gespräch — sondern: »Seit ein Gespräch wir sind . . .« Wo Sprachfähigkeit des Menschen vorhanden ist und ausgeübt wird, da ist noch nicht ohne weiteres das wesentliche Ereignis der Sprache — das Gespräch. Seit wann sind wir ein Gespräch? Wo e i n Gespräch sein soll, muß das wesentliche Wort auf das Eine und Selbe bezogen bleiben. Ohne diesen Bezug ist auch und gerade ein Streitgespräch unmöglich. Das Eine und Selbe aber kann nur offenbar sein im Lichte eines Bleibenden und Ständigen. Beständigkeit und Bleiben kommen jedoch dann zum Vorschein, wenn Beharren und Gegenwart aufleuchten. Das aber geschieht in dem Augenblick, da die Zeit in ihren Erstreckungen sich öffnet.[a] Seitdem der Mensch sich in die Gegenwart eines Bleibenden stellt, seitdem kann er sich erst dem Wandelbaren, dem Kommenden und Gehenden aussetzen; denn nur das Beharrliche ist wandelbar. Erst seitdem die »reißende Zeit« aufgerissen ist in Gegen-

---

[a] EHD, 2. Auflage 1951: vgl. S. u. Z. §§ 79-81.

wart, Vergangenheit und Zukunft, besteht die Möglichkeit, sich auf ein Bleibendes zu einigen. Ein Gespräch sind wir seit der Zeit, da es »die Zeit ist«. Seitdem die Zeit aufgestanden und zum Stehen gebracht ist, seitdem sind wir geschichtlich. Beides — ein Gesprächsein und Geschichtlichsein — ist gleich alt, gehört zusammen und ist dasselbe.

Seit ein Gespräch wir sind — hat der Mensch viel erfahren und der Götter viele genannt. Seitdem die Sprache eigentlich als Gespräch geschieht, kommen die Götter zu Wort und erscheint eine Welt. Aber wiederum gilt es zu sehen: die Gegenwart der Götter und das Erscheinen der Welt sind nicht erst eine Folge des Geschehnisses der Sprache, sondern sie sind damit gleichzeitig. Und das so sehr, daß im Nennen der Götter und im Wort-Werden der Welt gerade das eigentliche Gespräch besteht, das wir selbst sind.

Aber die Götter können nur dann ins Wort kommen, wenn sie selbst uns ansprechen und unter ihren Anspruch stellen. Das Wort, das die Götter nennt, ist immer Antwort auf solchen Anspruch. Diese Antwort entspringt jeweils aus der Verantwortung eines Schicksals. Indem die Götter unser Dasein zur Sprache bringen, rücken wir erst ein in den Bereich der Entscheidung darüber, ob wir uns den Göttern zusagen oder ob wir uns ihnen versagen.

Von hier aus ermessen wir erst ganz, was es heißt: »Seit ein Gespräch wir sind ...« Seit die Götter uns in das Gespräch bringen, seit der Zeit ist es die Zeit, seitdem ist der Grund unseres Daseins ein Gespräch. Der Satz, die Sprache sei das höchste Ereignis des menschlichen Daseins, hat damit seine Deutung und Begründung erhalten.

Aber sogleich erhebt sich die Frage: wie fängt dieses Gespräch, das wir sind, an? Wer vollzieht jenes Nennen der Götter? Wer faßt in der reißenden Zeit ein Bleibendes und bringt es im Wort zum Stehen? Hölderlin sagt es uns in der sicheren Einfalt des Dichters. Wir hören ein viertes Wort.

4.

Dies Wort bildet den Schluß des Gedichtes »Andenken« und lautet: »Was bleibet aber, stiften die Dichter.« (IV, 63). Mit diesem Wort kommt Licht in unsere Frage nach dem Wesen der Dichtung. Dichtung ist Stiftung durch das Wort und im Wort. Was wird so gestiftet? Das Bleibende. Aber kann das Bleibende denn gestiftet werden? Ist es nicht das immer schon Vorhandene? Nein! Gerade das Bleibende muß gegen den Fortriß zum Stehen gebracht werden; das Einfache muß der Verwirrung abgerungen, das Maß dem Maßlosen vorgesetzt werden. Jenes muß ins Offene kommen, was das Seiende im Ganzen trägt und durchherrscht. Das Sein muß eröffnet werden, damit das Seiende erscheine. Aber eben dieses Bleibende ist das Flüchtige. »So ist schnell / Vergänglich alles Himmlische; aber umsonst nicht.« (IV, 163 f.) Daß aber dieses bleibe, ist »Zu Sorg' und Dienst den Dichtenden anvertraut« (IV, 145). Der Dichter nennt die Götter und nennt alle Dinge in dem, was sie sind. Dieses Nennen besteht nicht darin, daß ein vordem schon Bekanntes nur mit einem Namen versehen wird, sondern indem der Dichter das wesentliche Wort spricht, wird durch diese Nennung das Seiende erst zu dem ernannt, was es ist. So wird es bekannt als Seiendes. Dichtung ist worthafte Stiftung des Seins. Was bleibt, wird daher nie aus dem Vergänglichen geschöpft. Das Einfache läßt sich nie unmittelbar aus dem Verworrenen aufgreifen. Das Maß liegt nicht im Maßlosen. Den Grund finden wir nie im Abgrund. Das Sein ist niemals ein Seiendes. Weil aber Sein und Wesen der Dinge nie errechnet und aus dem Vorhandenen abgeleitet werden können, müssen sie frei geschaffen, gesetzt und geschenkt werden. Solche freie Schenkung ist Stiftung.
Indem aber die Götter ursprünglich genannt werden und das Wesen der Dinge zu Wort kommt, damit die Dinge erst aufglänzen, indem solches geschieht, wird das Dasein des Menschen in einen festen Bezug gebracht und auf einen Grund gestellt. Das Sagen des Dichters ist Stiftung nicht nur im Sinne der freien

Schenkung, sondern zugleich im Sinne der festen Gründung des menschlichen Daseins auf seinen Grund. Wenn wir dieses Wesen der Dichtung begreifen, daß sie ist die worthafte Stiftung des Seins, dann können wir etwas ahnen von der Wahrheit jenes Wortes, das Hölderlin gesprochen, als er längst in den Schutz der Nacht des Wahnsinns hinweggenommen war.

5.

Dieses f ü n f t e Leitwort finden wir in dem großen und zugleich ungeheuren Gedicht, das beginnt:

> »In lieblicher Bläue blühet mit dem
> Metallenen Dache der Kirchthurm.« (VI, 24 ff.)

Hier sagt Hölderlin (v. 32 f.):

> »Voll Verdienst, doch dichterisch wohnet
> Der Mensch auf dieser Erde.«

Was der Mensch wirkt und betreibt, ist durch eigenes Bemühen erworben und verdient. »Doch« — sagt Hölderlin in harter Entgegensetzung dazu — all das berührt nicht das Wesen seines Wohnens auf dieser Erde, all das reicht nicht in den Grund des menschlichen Daseins. Dieses ist in seinem Grund »dichterisch«. Dichtung verstehen wir aber jetzt als das stiftende Nennen der Götter und des Wesens der Dinge. »Dichterisch wohnen« heißt: in der Gegenwart der Götter stehen und betroffen sein von der Wesensnähe der Dinge. »Dichterisch« ist das Dasein in seinem Grunde — das sagt zugleich: es ist als gestiftetes (gegründetes) kein Verdienst, sondern ein Geschenk.

Dichtung ist nicht nur ein begleitender Schmuck des Daseins, nicht nur eine zeitweilige Begeisterung oder gar nur eine Erhitzung und Unterhaltung. Dichtung ist der tragende Grund der Geschichte und deshalb auch nicht nur eine Erscheinung der Kultur und erst recht nicht der bloße »Ausdruck« einer »Kulturseele«.

Unser Dasein sei im Grunde dichterisch, das kann am Ende auch nicht meinen, es sei eigentlich nur ein harmloses Spiel. Aber

nennt Hölderlin nicht selbst in dem zuerst angeführten Leitwort die Dichtung »diss unschuldigste aller Geschäffte«? Wie geht das zusammen mit dem jetzt entfalteten Wesen der Dichtung? Damit kommen wir zu jener Frage zurück, die wir zunächst beiseite stellten. Indem wir diese Frage jetzt beantworten, versuchen wir zugleich in einer Zusammenfassung das Wesen der Dichtung und des Dichters vor das innere Auge zu bringen.
Zuerst ergab sich: der Werkbereich der Dichtung ist die Sprache. Das Wesen der Dichtung muß daher aus dem Wesen der Sprache begriffen werden. Nachher aber wurde deutlich: Dichtung ist das stiftende Nennen des Seins und des Wesens aller Dinge — kein beliebiges Sagen, sondern jenes, wodurch erst all das ins Offene tritt, was wir dann in der Alltagssprache bereden und verhandeln. Daher nimmt die Dichtung niemals die Sprache als einen vorhandenen Werkstoff auf, sondern die Dichtung selbst ermöglicht erst die Sprache. Dichtung ist die Ursprache eines geschichtlichen Volkes. Also muß umgekehrt das Wesen der Sprache aus dem Wesen der Dichtung verstanden werden.
Der Grund des menschlichen Daseins ist das Gespräch als eigentliches Geschehen der Sprache. Die Ursprache aber ist die Dichtung als Stiftung des Seins. Die Sprache jedoch ist »der Güter Gefährlichstes«. Also ist die Dichtung das gefährlichste Werk — und zugleich das »unschuldigste aller Geschäffte«.
In der Tat — erst wenn wir diese beiden Bestimmungen in Eins zusammendenken, begreifen wir das volle Wesen der Dichtung.
Aber ist denn die Dichtung das gefährlichste Werk? In dem Brief an einen Freund unmittelbar vor dem Aufbruch zur letzten Wanderung nach Frankreich schreibt Hölderlin: »O Freund! Die Welt liegt heller vor mir, als sonst, und ernster da! es gefällt mir, wie es zugeht, es gefällt mir, wie wenn im Sommer ›der alte heilige Vater mit gelassener Hand aus röthlichen Wolken seegnende Blize schüttelt‹. Denn unter allem, was ich schauen kann von Gott, ist dieses Zeichen mir das auserkorene geworden. Sonst konnt ich jauchzen über eine neue Wahrheit, eine bessere An-

sicht dess, das über uns und um uns ist, jezt fürcht ich, daß es mir nicht geh am Ende, wie dem alten Tantalus, dem mehr von den Göttern ward, als er verdauen konnte.« (V, 321.)
Der Dichter ist ausgesetzt den Blitzen des Gottes. Davon sagt jenes Gedicht, das wir als die reinste Dichtung des Wesens der Dichtung erkennen und das beginnt:

»Wie wenn am Feiertage, das Feld zu sehn
Ein Landmann geht, des Morgens, ...« (IV, 151 ff.)

Hier heißt es in der letzten Strophe:

»Doch uns gebührt es, unter Gottes Gewittern,
Ihr Dichter! mit entblößtem Haupte zu stehen,
Des Vaters Stral, ihn selbst, mit eigner Hand
Zu fassen und dem Volk ins Lied
Gehüllt die himmlische Gaabe zu reichen.«

Und ein Jahr später, nachdem Hölderlin als ein vom Wahnsinn Getroffener in das Haus der Mutter zurückgekehrt ist, schreibt er an denselben Freund aus der Erinnerung an den Aufenthalt in Frankreich:
»Das gewaltige Element, das Feuer des Himmels und die Stille der Menschen, ihr Leben in der Natur, und ihre Eingeschränktheit und Zufriedenheit, hat mich ständig ergriffen, und wie man Helden nachspricht, kann ich wohl sagen, daß mich Apollo geschlagen.« (V, 327.) Die übergroße Helle hat den Dichter in das Dunkel gestoßen. Bedarf es noch weiterer Zeugnisse für die höchste Gefährlichkeit seines »Geschäfftes«? Das eigenste Schicksal des Dichters sagt alles. Wie ein Vorherwissen klingt dazu das Wort in Hölderlins Empedokles:

»... Es muß
Bei Zeiten weg, durch wen der Geist geredet.« (III, 154.)

Und dennoch: die Dichtung ist das »unschuldigste aller Geschäffte«. Hölderlin schreibt so in seinem Brief, nicht nur um die Mutter zu schonen, sondern weil er weiß, daß diese harmlose

Außenseite zum Wesen der Dichtung gehört gleich wie das Tal zum Berg; denn wie wäre dieses gefährlichste Werk zu wirken und zu bewahren, wenn der Dichter nicht »hinausgeworfen« (Empedokles III, 191) wäre aus dem Gewöhnlichen des Tages und **gegen** dieses geschützt durch den Anschein der Harmlosigkeit seines Geschäfts?
Dichtung sieht aus wie ein Spiel und ist es doch nicht. Das Spiel bringt zwar die Menschen zusammen, aber so, daß dabei jeder gerade sich vergißt. In der Dichtung dagegen wird der Mensch gesammelt auf den Grund seines Daseins. Er kommt darin zur Ruhe; freilich nicht zur Scheinruhe der Untätigkeit und Gedankenleere, sondern zu jener unendlichen Ruhe, in der alle Kräfte und Bezüge regsam sind (vgl. den Brief an den Bruder vom 1. Januar 1799. III, 368 f.).
Dichtung erweckt den Schein des Unwirklichen und des Traumes gegenüber der greifbaren und lauten Wirklichkeit, in der wir uns heimisch glauben. Und doch ist umgekehrt das, was der Dichter sagt und zu sein übernimmt, das Wirkliche. So bekennt es Panthea von Empedokles aus dem hellen Wissen der Freundin (III, 78):

»... Er selbst zu seyn, das ist
Das Leben und wir andern sind der Traum davon. — «

So scheint das Wesen der Dichtung im eigenen Schein ihrer Außenseite zu schwanken und steht doch fest. Ist sie ja doch selbst im Wesen Stiftung — das heißt: feste Gründung.
Zwar bleibt jede Stiftung eine freie Gabe, und Hölderlin hört sagen: »Frei sei'n, wie Schwalben, die Dichter« (IV, 168). Aber diese Freiheit ist nicht ungebundene Willkür und eigensinniges Wünschen, sondern höchste Notwendigkeit.
Die Dichtung ist als Stiftung des Seins **zweifach** gebunden. Im Blick auf dieses innigste Gesetz fassen wir erst ihr Wesen ganz.
Dichten ist das ursprüngliche Nennen der Götter. Aber dem dichterischen Wort wird erst dann seine Nennkraft zuteil, wenn die Götter selbst uns zur Sprache bringen. Wie sprechen die Götter?

46   Hölderlin und das Wesen der Dichtung

» ... und Winke sind
Von Alters her die Sprache der Götter.« (IV, 135.)

Das Sagen des Dichters ist das Auffangen dieser Winke, um sie weiter zu winken in sein Volk. Dieses Auffangen der Winke ist ein Empfangen und doch zugleich ein neues Geben; denn der Dichter erblickt im »ersten Zeichen« auch schon das Vollendete und stellt dieses Erschaute kühn in sein Wort, um das noch-nicht-Erfüllte vorauszusagen. So

» ... fliegt, der kühne Geist, wie Adler den
Gewittern, weissagend seinen
Kommenden Göttern voraus — — « (IV, 135.)

Die Stiftung des Seins ist gebunden an die Winke der Götter. Und zugleich ist das dichterische Wort nur die Auslegung der »Stimme des Volkes«. So nennt Hölderlin die Sagen, in denen ein Volk eingedenk ist seiner Zugehörigkeit zum Seienden im Ganzen. Aber oft verstummt diese Stimme und ermattet in sich selbst. Sie vermag auch überhaupt von sich aus das Eigentliche nicht zu sagen, sondern sie bedarf jener, die sie auslegen. Das Gedicht, das die Überschrift trägt »Stimme des Volks«, ist uns in zwei Fassungen überliefert. Vor allem die Schlußstrophen sind verschieden, jedoch so, daß sie sich ergänzen. In der ersten Fassung lautet der Schluß:

»Drum weil sie fromm ist, ehr' ich den Himmlischen
Zu lieb des Volkes Stimme, die ruhige,
Doch um der Götter und der Menschen
Willen sie ruhe zu gern nicht immer!« (IV, 141.)

Dazu die zweite Fassung:

» ... und wohl
Sind gut die Sagen, denn ein Gedächtniss sind
Dem Höchsten sie, doch auch bedarf es
Eines, die heiligen auszulegen.« (IV, 144.)

So ist das Wesen der Dichtung eingefügt in die auseinander und zueinander strebenden Gesetze der Winke der Götter und der

Hölderlin und das Wesen der Dichtung 47

Stimme des Volkes. Der Dichter selbst steht zwischen jenen — den Göttern, und diesem — dem Volk. Er ist ein Hinausgeworfener — hinaus in jenes Zwischen, zwischen den Göttern und den Menschen. Aber allein und zuerst in diesem Zwischen entscheidet es sich, wer der Mensch sei und wo er sein Dasein ansiedelt.
»Dichterisch wohnet der Mensch auf dieser Erde.«
Unausgesetzt und immer sicherer, aus der Fülle der andrängenden Bilder und immer einfacher hat Hölderlin diesem Zwischenbereich sein dichterisches Wort geweiht. Dieses zwingt uns zu sagen, er sei der Dichter des Dichters.

Werden wir jetzt noch meinen, Hölderlin sei verstrickt in eine leere und übersteigerte Selbstbespiegelung aus dem Mangel an Weltfülle? Oder erkennen wir, daß dieser Dichter in den Grund und in die Mitte des Seins dichterisch hinausdenkt aus einem Übermaß des Andrangs? Von Hölderlin selbst gilt das Wort, das er in jenem späten Gedicht »In lieblicher Bläue blühet...« von Oedipus gesagt hat:

> »Der König Oedipus hat ein
> Auge zuviel vieleicht.« (VI, 26.)

Hölderlin dichtet das Wesen der Dichtung — aber nicht im Sinne eines zeitlos gültigen Begriffes. Dieses Wesen der Dichtung gehört in eine bestimmte Zeit. Aber nicht so, daß es sich dieser Zeit als einer schon bestehenden nur gemäß machte. Sondern indem Hölderlin das Wesen der Dichtung neu stiftet, bestimmt er erst eine neue Zeit. Es ist die Zeit der entflohenen Götter und des kommenden Gottes. Das ist die dürftige Zeit, weil sie in einem gedoppelten Mangel und Nicht steht: im Nichtmehr der entflohenen Götter und im Nochnicht des Kommenden.

Das Wesen der Dichtung, das Hölderlin stiftet, ist geschichtlich im höchsten Maße, weil es eine geschichtliche Zeit vorausnimmt. Als geschichtliches Wesen ist es aber das einzig wesentliche Wesen.

Dürftig ist die Zeit, und deshalb überreich ihr Dichter — so reich, daß er oft im Gedenken an die Gewesenen und im Erharren des

Kommenden erlahmen und in dieser scheinbaren Leere nur schlafen möchte. Aber er hält stand im Nichts dieser Nacht. Indem der Dichter so in der höchsten Vereinzelung auf seine Bestimmung bei sich selbst bleibt, erwirkt er stellvertretend und deshalb wahrhaft seinem Volke die Wahrheit. Davon kündet jene siebente Strophe der Elegie »Brod und Wein« (IV, 123 f.). In ihr ist dichterisch gesagt, was hier nur denkerisch auseinandergelegt werden konnte.

>>Aber Freund! wir kommen zu spät. Zwar leben die Götter,
Aber über dem Haupt droben in anderer Welt.
Endlos wirken sie da und scheinens wenig zu achten,
Ob wir leben, so sehr schonen die Himmlischen uns.
Denn nicht immer vermag ein schwaches Gefäß sie zu fassen,
Nur zu Zeiten erträgt göttliche Fülle der Mensch.
Traum von ihnen ist drauf das Leben. Aber das Irrsaal
Hilft, wie Schlummer und stark machet die Noth und die Nacht,
Biss daß Helden genug in der ehernen Wiege gewachsen,
Herzen an Kraft, wie sonst, ähnlich den Himmlischen sind.
Donnernd kommen sie drauf. Indessen dünket mir öfters
Besser zu schlafen, wie so ohne Genossen zu seyn,
So zu harren und was zu thun indess und zu sagen,
Weiß ich nicht und wozu Dichter in dürftiger Zeit?
Aber sie sind, sagst du, wie des Weingotts heilige Priester,
Welche von Lande zu Land zogen in heiliger Nacht.«

»WIE WENN AM FEIERTAGE...«

Wie wenn am Feiertage, das Feld zu sehn
Ein Landmann geht, des Morgens, wenn
Aus heißer Nacht die kühlenden Blize fielen
Die ganze Zeit und fern noch tönet der Donner,
In sein Gestade wieder tritt der Strom,
Und frisch der Boden grünt
Und von des Himmels erfreuendem Reegen
Der Weinstok trauft und glänzend
In stiller Sonne stehn die Bäume des Haines:

So stehn sie unter günstiger Witterung
Sie die kein Meister allein, die wunderbar
Allgegenwärtig erziehet in leichtem Umfangen
Die mächtige, die göttlichschöne Natur.
Drum wenn zu schlafen sie scheint zu Zeiten des Jahrs
Am Himmel oder unter den Pflanzen oder den Völkern,
So trauert der Dichter Angesicht auch,
Sie scheinen allein zu seyn, doch ahnen sie immer.
Denn ahnend ruhet sie selbst auch.

Jezt aber tagts! Ich harrt und sah es kommen,
Und was ich sah, das Heilige sei mein Wort.
Denn sie, sie selbst, die älter denn die Zeiten
Und über die Götter des Abends und Orients ist,
Die Natur ist jezt mit Waffenklang erwacht,
Und hoch vom Äther bis zum Abgrund nieder
Nach vestem Geseze, wie einst, aus heiligem Chaos gezeugt,
Fühlt neu die Begeisterung sich,
Die Allerschaffende wieder.

Und wie im Aug' ein Feuer dem Manne glänzt,
Wenn hohes er entwarf: so ist
Von neuem an den Zeichen, den Thaten der Welt jezt
Ein Feuer angezündet in Seelen der Dichter.

Und was zuvor geschah, doch kaum gefühlt,
Ist offenbar erst jezt,
Und die uns lächelnd den Aker gebauet,
In Knechtsgestalt, sie sind bekannt, die
Die Allebendigen, die Kräfte der Götter.

Erfrägst du sie? im Liede wehet ihr Geist,
Wenn es von der Sonne des Tags und warmer Erd
Entwacht, und Wettern, die in der Luft, und andern
Die vorbereiteter in Tiefen der Zeit
Und deutungsvoller, und vernehmlicher uns
Hinwandeln zwischen Himmel und Erd und unter den Völkern.
Des gemeinsamen Geistes Gedanken sind,
Still endend in der Seele des Dichters.

Daß schnellbetroffen sie, Unendlichem
Bekannt seit langer Zeit, von Erinnerung
Erbebt, und ihr, von heilgem Stral entzündet,
Die Frucht in Liebe geboren, der Götter und Menschen Werk
Der Gesang, damit er beiden zeuge, glükt.
So fiel, wie Dichter sagen, da sie sichtbar
Den Gott zu sehen begehrte, sein Bliz auf Semeles Haus
Und Asche tödtlich getroffne gebahr,
Die Frucht des Gewitters, den heiligen Bacchus.

Und daher trinken himmlisches Feuer jezt
Die Erdensöhne ohne Gefahr.
Doch uns gebührt es, unter Gottes Gewittern,
Ihr Dichter! mit entblößtem Haupte zu stehen,
Des Vaters Stral, ihn selbst, mit eigner Hand
Zu fassen und dem Volk ins Lied
Gehüllt die himmlische Gaabe zu reichen,
Denn sind nur reinen Herzens
Wie Kinder, wir, sind schuldlos unsere Hände.

Des Vaters Stral, der reine versengt es nicht
Und tieferschüttert, eines Gottes Leiden
Mitleidend, bleibt das ewige Herz doch fest.

» *Wie wenn am Feiertage* ...«

Das Gedicht entstand im Jahre 1800. Erst einhundertundzehn Jahre später wurde es den Deutschen bekannt. Norbert von Hellingrath hat erstmals dem Gedicht aus den handschriftlichen Entwürfen eine Gestalt gegeben und sie im Jahre 1910 veröffentlicht. Seitdem ist wiederum ein Menschenalter vergangen. Während dieser Jahrzehnte hat der offene Aufruhr der neuzeitlichen Weltgeschichte begonnen. Ihr Gang erzwingt die Entscheidung über das künftige Gepräge der unbedingt gewordenen Herrschaft des Menschen, der den Erdball im ganzen sich unterwirft. Hölderlins Gedicht aber harrt noch der Deutung.

Der hier zugrunde gelegte Text beruht, nach den urschriftlichen Entwürfen erneut geprüft, auf dem folgenden Versuch einer Auslegung.

Dem Gedicht fehlt die Überschrift. Das Ganze gliedert sich in sieben Strophen. Jede Strophe besteht mit Ausnahme der fünften und siebenten aus neun Versen. In der fünften Strophe fehlt der neunte Vers. Die siebente Strophe umfaßt nach der Ausgabe v. Hellingraths zwölf Verse. Die Zinkernagelsche Ausgabe fügt Bruchstücke aus einem früheren Entwurf als achte Strophe an.

Die erste Strophe versetzt in den Aufenthalt eines Landmannes draußen in der Flur am Morgen des Feiertages. Da ruht die Arbeit. Und näher ist der Gott dem Menschen. Der Landmann will sehen, wie die Frucht steht nach dem Gewitter, das, aus heißer Nacht kommend, die Ernte bedroht hat. Noch gemahnt der fernabziehende Donner an den Schrecken. Aber keine Überschwemmung gefährdet den Acker. Frisch grünt der Boden. Der Weinstock freut sich am Segen des himmlischen Trankes. Im stillen Licht der Sonne steht der Wald. Der Landmann weiß von der ständigen Bedrohung seiner Habe durch die Wetter und findet doch überall die Ruhe des Erfreulichen. Zuversichtlich wartet er auf das künftige Geschenk des Ackers und des Weinstocks. Die Frucht und der Mensch sind behütet in der Gunst, die Erde und Himmel durchwaltet und ein Bleibendes gewährt.

Dies nennt die erste Strophe, fast als wollte sie ein Bild beschreiben. Ihr letzter Vers endet freilich mit einem Doppelpunkt. Die

erste Strophe öffnet sich der zweiten. Dem »Wie wenn ...« am Beginn der ersten Strophe entspricht das »So«, mit dem die zweite anhebt. Das »Wie wenn ...: So ...« deutet auf einen Vergleich, der als Klammer die Eingangsstrophe mit der zweiten oder gar mit allen folgenden in der Einheit hält.
Wie ein Landmann auf seinem Gang, froh ob der Behütung seiner Welt, in der Feldmark verweilt, »So stehn sie unter günstiger Witterung« — die Dichter. Und welche Gunst vergönnt ihnen das Günstige zu wittern? Die Gunst, Jene zu sein,

> ... die kein Meister allein, die wunderbar
> Allgegenwärtig erziehet in leichtem Umfangen
> Die mächtige, die göttlichschöne Natur.

Die innere Bewegung dieser drei Verse strebt auf das Wort »die Natur« zu und schwingt darin aus. Was Hölderlin hier noch »Natur« nennt, durchstimmt das ganze Gedicht bis in sein letztes Wort. Die Natur »erziehet« die Dichter. Meisterschaft und Lehre können nur etwas »beibringen«. Aus sich allein vermögen sie nichts. Ein Anderes muß anders erziehen als menschlicher Eifer zu menschlichem Machen. Die Natur »erziehet« »wunderbar allgegenwärtig«. Sie ist in allem Wirklichen anwesend. Die Natur west an in Menschenwerk und Völkergeschick, in den Gestirnen und in den Göttern, aber auch in den Steinen, Gewächsen und Tieren, aber auch in den Strömen und in den Wettern. »Wunderbar« ist die Allgegenwart der Natur. Sie läßt sich niemals irgendwo innerhalb des Wirklichen als ein vereinzeltes Wirkliches antreffen. Das Allgegenwärtige ist auch nie das Ergebnis der Zusammenstellung des vereinzelten Wirklichen. Auch das Ganze des Wirklichen ist höchstens die Folge des Allgegenwärtigen. Dieses selbst entzieht sich jeder Erklärung aus dem Wirklichen. Nicht einmal andeuten läßt sich das Allgegenwärtige durch ein Wirkliches. Schon gegenwärtig verwehrt es unmerklich jeden gesonderten Zudrang zu ihm. Wenn menschliche Mache dies unternimmt oder göttliches Wirken dazu bestellt wird, zerstören sie nur das Einfache des Wunderbaren. Dieses entzieht sich allem Herstellen und durchzieht doch Jegliches mit seiner Anwesenheit. Deshalb erzieht die Natur »in leichtem Umfangen«. Das Allgegenwärtige kennt nicht die Einseitigkeit der Schwere des bloß Wirklichen, das den Menschen bald nur fesselt, bald nur fortstößt, bald nur stehenläßt, jedesmal aber preisgibt in das Verzwungene alles Zufälligen. Das »leichte Umfangen« der Natur deutet jedoch auch nicht auf ein Unvermögen des Schwachen. Die »Allgegenwärtige« heißt ja »die mächtige«. Woher aber nimmt sie die Macht, wenn sie das in allem zuvor Gegenwärtige ist? Die Natur hat nicht irgendwoher noch eine Macht zu Lehen. Sie ist das Machtende selbst. Das Wesen der Macht bestimmt sich aus der Allgegenwart der Natur, die Hölderlin »die mächtige, die göttlichschöne« nennt. Mächtig ist die Natur, weil sie göttlichschön ist. Also gleicht die Natur einem Gott oder einer Göttin? Wäre dies, dann würde aber »die Natur«, die doch in allem, auch in den Göttern, gegenwärtig ist, wieder und noch am »Göttlichen« gemessen und wäre nicht mehr »die Natur«. Diese heißt die »schöne«, weil sie »wunderbar allgegenwärtig« ist. Die Allheit ihrer Gegenwart meint nicht das mengenmäßig vollständige Umgreifen alles Wirklichen, sondern die Weise des Durchwaltens gerade auch des Wirklichen, das seiner Art nach gegenwendig sich auszuschließen scheint. Die Allgegenwart hält die äußersten Gegensätze des höchsten Himmels und des tiefsten Abgrundes einander entgegen. Dergestalt bleibt das Zueinander-sich-Haltende in seine Widerspenstigkeit auseinandergespannt. So erst kann das Gegensätzliche in die äußerste Schärfe seiner Andersheit herauskommen. Das solcherart zu »äußerst« Erscheinende ist das Erscheinendste. Das so Erscheinende ist das Berückende.[a] Zugleich aber sind die Gegensätze durch die Allgegenwart in die Einheit ihres Zusammengehörens entrückt. Diese Einheit läßt das Widerspenstige nicht in den matten Ausgleich verlöschen, sondern nimmt es zu jener

---

[a] EHD, 2. Auflage 1951: $\dfrac{\text{ἐκφανέστατον}}{\text{ἐρασμιώτατον}}$ τὸ καλόν

Ruhe zurück, die als stiller Glanz aus dem Feuer des Streites erstrahlt, darin Eines das Andere in das Erscheinen hinausstellt. Diese Einheit der Allgegenwart ist das Entrückende. Die allgegenwärtige Natur berückt und entrückt. Das Zumal der Berückung und Entrückung ist aber das Wesen des Schönen. Die Schönheit läßt Gegenwendiges im Gegenwendigen, läßt ihr Zueinander in seiner Einheit und läßt so aus der Gediegenheit des wohl Unterschiedenen alles in allem anwesen. Die Schönheit ist die Allgegenwart. Und »göttlichschön« heißt die Natur, weil ein Gott oder eine Göttin am ehesten noch in ihrem Erscheinen den Schein der Berückung und Entrückung erwecken. Aber in Wahrheit vermögen sie das reine Schöne doch nicht; denn ihr gesondertes Erscheinen bleibt ein Schein, weil die bloße Berückung (»Epiphanie«) wie Entrückung aussieht und die bloße Entrückung (in die mystische Versenkung) wie Berückung sich gibt. Aber der Gott vermag doch den höchsten Schein des Schönen und kommt so dem reinen Erscheinen der Allgegenwart am nächsten.

Die mächtige, weil göttlichschöne, weil wunderbar allgegenwärtige Natur umfängt die Dichter. Sie sind in das Umfangen einbezogen. Dieser Einbezug versetzt die Dichter in den Grundzug ihres Wesens. Solche Versetzung ist die Erziehung. Diese prägt das Geschick der Dichter:

> Drum wenn zu schlafen sie scheint zu Zeiten des Jahrs
> Am Himmel oder unter den Pflanzen oder den Völkern,
> So trauert der Dichter Angesicht auch,
> Sie scheinen allein zu seyn, doch ahnen sie immer.

Schlafen ist eine Art des Wegseins, der Abwesenheit. Wie aber könnte »die Natur« in den Schein des Abwesenden kommen, wenn sie nicht anweste in den Himmlischen, in der Erde und ihrem Wachstum, in den Völkern und ihrer Geschichte? »Zu Zeiten des Jahrs« scheint die Allgegenwärtige zu schlafen. »Das Jahr« meint hier zugleich das Jahr der »Jahreszeiten« und »die Jahre der Völker«, die Weltalter. Die Natur scheint zu schlafen und schläft doch nicht. Sie ist wach, aber wach in der Weise der

Trauer. Diese zieht sich von allem zurück in das Gedenken an das Eine. Das Andenken der Trauer aber bleibt dem nahe, was ihr genommen ist und fern zu sein scheint. Die Trauer versinkt nicht in den Fortriß an das bloß Verlorene. Sie läßt das Abwesende immer wieder kommen. Daher scheint es auch nur so, als seien die trauernden Dichter auf ihre Vereinzelung beschränkt und in sie eingesperrt. Sie sind nicht »allein«. In Wahrheit »ahnen sie immer«. Die Ahnung denkt vor in das Ferne, das sich nicht entfernt, sondern im Kommen ist. Weil aber das Kommende selbst noch in seiner Anfänglichkeit ruht und zurückbleibt, ist das Ahnen des Kommenden zumal ein Vor- und Zurückdenken. Also ahnend verharren die Dichter in der Zugehörigkeit zur »Natur«:

denn ahnend ruhet sie selbst auch.

Die Natur ruht. Ihre Ruhe bedeutet keineswegs das Aufhören der Bewegung. Ruhe ist das Sichsammeln auf den in aller Bewegung gegenwärtigen Anfang und sein Kommen. Deshalb ruht auch die Natur ahnend. Sie ist bei sich, indem sie in ihr Kommen vordenkt. Ihr Kommen ist die Anwesung der Allgegenwart und so das Wesen der »Allgegenwärtigen«.

Nur indem Ahnende sind, sind auch solche, die der Natur zugehören und ihr entsprechen. Die dem wunderbar Allgegenwärtigen, dem Mächtigen, dem göttlich Schönen Ent-Sprechenden sind »die Dichter«. Welche Dichter meint Hölderlin? Jene, die unter günstiger Witterung stehen. Sie allein verharren in der Entsprechung zur ahnend ruhenden Natur. Aus dieser Entsprechung wird das Wesen des Dichters neu entschieden. »Die Dichter« sind nicht alle Dichter überhaupt, auch nicht unbestimmt beliebige. »Die Dichter« sind die Künftigen, deren Wesen bemessen wird nach ihrer Anmessung an das Wesen der »Natur«. Und was dies langher bekannte und inzwischen in der Vieldeutigkeit verbrauchte Wort »Natur« hier nennt, muß sich allein aus diesem einzigen Gedicht bestimmen.

Sonst begegnet »die Natur« in den geläufigen Unterscheidungen von »Natur und Kunst«, »Natur und Geist«, »Natur und

Geschichte«, »Natur und Übernatur«, »Natur und Unnatur«. So bedeutet »Natur« je einen gesonderten Bereich des Seienden. Wollte man aber die in diesem Gedicht genannte »Natur« »identisch« setzen mit »Geist« im Sinne der »Identität«, die um dieselbe Zeit Hölderlins Freund Schelling dachte, dann wäre sie auch mißdeutet. Sogar das, was Hölderlin selbst bis zu dieser Hymne noch im »Hyperion« und in den ersten Empedokles-Entwürfen mit dem Wort »Natur« sagt, bleibt hinter dem zurück, was jetzt als das »wunderbar Allgegenwärtige« so genannt ist. Zugleich wird »Natur« jetzt ein ungemäßes Wort im Hinblick auf das Kommende, das es nennen soll. Daß dies Wort »Natur« gleichwohl noch als ein Leitwort dieses Gedichtes zugelassen ist, verdankt es dem Nachschwingen einer Sagekraft, deren Ursprung weit zurückreicht.

Natur, natura heißt griechisch φύσις. Dieses Wort ist das Grundwort der Denker im Anfang des abendländischen Denkens. Aber schon die Übersetzung von φύσις mit natura (Natur) überträgt sogleich Späteres in das Anfängliche und setzt Entfremdetes an die Stelle dessen, was nur dem Anfang eigen ist.

Φύσις, φύειν bedeutet das Wachstum. Aber wie verstehen die Griechen das Wachstum? Nicht als die mengenmäßige Zunahme, auch nicht als »Entwicklung«, auch nicht als das Nacheinander eines »Werdens«. *Φύσις* ist das Hervorgehen und Aufgehen, das Sichöffnen, das aufgehend zugleich zurückgeht in den Hervorgang und so in dem sich verschließt, was je einem Anwesenden die Anwesung gibt. *Φύσις* als Grundwort gedacht, bedeutet das Aufgehen in das Offene, das Lichten jener Lichtung, in die herein überhaupt etwas erscheinen, in seinem Umriß sich stellen, in seinem »Aussehen« (*εἶδος, ἰδέα*) sich zeigen und so je als Dieses und Jenes anwesend sein kann. *Φύσις* ist das aufgehende In-sich-zurück-Gehen und nennt die Anwesung dessen, was im so wesenden Aufgang als dem Offenen verweilt. Die Lichtung des Offenen wird aber am reinsten vernehmlich im Durchlaß der Durchsichtigkeit der Helle, im »Licht«. *Φύσις* ist der Aufgang der Lichtung des Lichten und so der Herd und die Stätte

des Lichtes. Das Leuchten des »Lichtes« gehört dem Feuer, ist das Feuer. Dieses ist zumal die Helle und die Glut. Die Helle lichtet und gibt allem Erscheinen erst das Offene und allem Erscheinenden erst die Vernehmlichkeit. Die Glut leuchtet und befeuert im Erglühen alles Hervorgehende zu seinem Erscheinen. So ist das Feuer als erhellend-glühendes »Licht« das Offene, das in allem, was innerhalb des Offenen hervor- und weggeht, zuvor schon anwest. Die $\varphi\acute{v}\sigma\iota\varsigma$ ist das in allem Gegenwärtige. Muß dann aber »die Natur«, wenn sie $\varphi\acute{v}\sigma\iota\varsigma$ ist, nicht als die »Allgegenwärtige« zugleich die Allerglühende sein? Hölderlin nennt deshalb »die Natur« in diesem Gedicht auch die »Allerschaffende« und die »Allebendige«.
Hölderlins Wort »die Natur« dichtet ihr Wesen in diesem Gedicht nach der verborgenen Wahrheit des anfänglichen Grundwortes $\varphi\acute{v}\sigma\iota\varsigma$. Aber Hölderlin hat die auch heute noch kaum ermessene Tragkraft des anfänglichen Grundwortes $\varphi\acute{v}\sigma\iota\varsigma$ nicht gekannt. Insgleichen will Hölderlin mit dem, was er »Natur« nennt, nicht das in alter griechischer Zeit Erfahrene nur wieder aufleben lassen. Hölderlin dichtet in dem Wort »die Natur« ein Anderes, das wohl in einem verborgenen Bezug zu Jenem steht, was einstmals $\varphi\acute{v}\sigma\iota\varsigma$ genannt worden.
Die Natur, die »leicht umfangend« alles in ihrer Offenheit und Lichtung einbehält, scheint zu Zeiten zu schlafen. Dann ist das Lichte trauernd in sich zurückgegangen. Die sich verschließende Trauer ist undurchdringlich und erscheint als das Dunkel. Aber nicht eine bloße und beliebige Finsternis ist diese Trauer, sondern ein ahnendes Ruhen. Das Dunkel ist die Nacht. Die Nacht ist die ruhende Ahnung des Tages.

    Jezt aber tagts! Ich harrt und sah es kommen,
    Und was ich sah, das Heilige sei mein Wort.

Der Ausruf, mit dem die dritte Strophe beginnt, nennt das Aufgehen der erglühenden Helle. Das Tagen ist das Kommen der vormals ahnend ruhenden Natur. Das Dämmern ist die Natur selbst im Kommen. Der Ausruf »Jezt aber tagts!« klingt wie ein Anruf der Natur. Allein der Ruf ruft ja ein Kommendes. Das

Wort des Dichters ist das reine Rufen dessen, was jene immer ahnenden Dichter erharren und ersehnen. Das dichterische Nennen sagt das, was das Gerufene selbst aus seinem Wesen den Dichter zu sagen nötigt. So genötigt nennt Hölderlin die Natur »das Heilige«. In der nur wenig später geschaffenen Hymne »Am Quell der Donau« sagt Hölderlin:

> Wir nennen Dich, heiliggenöthiget, nennen,
> Natur! dich wir, und neu, wie dem Bad entsteigt
> Dir alles Göttlichgeborne.[a]

Doch eben diese Verse hat der Dichter in einer Bleistiftüberarbeitung alsbald gestrichen, worauf Hellingrath (IV², S. 337 f.) hinweist mit der Bemerkung, daß Hölderlin von jetzt an der Name »Natur« nicht mehr genüge. Allein der Name »Natur« wird als das dichterische Grundwort schon in der Hymne »Wie wenn am Feiertage...« überwunden. Diese Überwindung ist die Folge und das Zeichen eines anfänglicher anhebenden Sagens.

Hölderlin nennt das Tagen als das Lichtwerden der in allem gegenwärtigen Lichtung. Das Erwachen des lichtenden Lichtes ist jedoch das stillste aller Ereignisse. Weil es aber genannt wird, ja sogar selbst die Nennung fordert, kommt das Erwachen »der Natur« in den Klang des dichtenden Wortes. Im Wort enthüllt sich das Wesen des Genannten. Denn das Wort scheidet, indem es das Wesenhafte nennt, das Wesen vom Unwesen. Und indem das Wort sie scheidet, entscheidet es ihren Streit. Das Wort ist Waffe. Daher spricht Hölderlin in derselben Hymne »Am Quell der Donau« von den »Waffen des Worts« als den »Heiligtümern«, die das Heilige verwahren.

Weil das Tagende, das leichtumfangende und wunderbar Allgegenwärtige jetzt das einzig zu Sagende geworden und im Wort ist, »ist jetzt« die Natur »mit Waffenklang erwacht...«. Doch warum muß »das Heilige« das Wort des Dichters sein?

---

[a] EHD, 2. Auflage 1951: Natur als das *Heilige* – nötigt uns in das Nennen

dies das »woher«;
vgl. Beissner II,2 695 ff.

»*Wie wenn am Feiertage ...*«

Weil der »unter günstiger Witterung« Stehende nur das zu nennen hat, dem er ahnend zuhört: die Natur. Indem sie erwacht, enthüllt sie ihr eigenes Wesen als das Heilige.

> Denn sie, sie selbst, die älter denn die Zeiten
> Und über die Götter des Abends und Orients ist,
> Die Natur ist jezt mit Waffenklang erwacht, ...

Die Natur ist älter als jene Zeiten, die den Menschen und Völkern und Dingen zugemessen sind. Nicht aber ist die Natur älter denn »die Zeit«. Wie soll auch die Natur älter sein als »die Zeit«? Solange sie »älter denn die Zeiten« bleibt, ist sie freilich »älter«, also früher, also zeitiger, also gerade zeithafter denn »die Zeiten«, mit denen die Erdensöhne rechnen. »Die Natur« ist die älteste Zeit und keineswegs das metaphysisch gemeinte »Überzeitliche« und vollends nicht das christlich gedachte »Ewige«. Die Natur ist zeitiger denn »die Zeiten«, weil sie als die wunderbar Allgegenwärtige zuvor schon allem Wirklichen die Lichtung verschenkt, in deren Offenes hinein erst alles zu erscheinen vermag, was ein Wirkliches ist. Allem Wirklichen und Wirken zuvor ist die Natur, zuvor auch den Göttern. Denn sie »die älter denn die Zeiten« ist auch »über die Götter des Abends und Orients«. Die Natur ist nicht etwa über »den« Göttern als ein abgesonderter Bezirk des Wirklichen »oberhalb« ihrer. Die Natur ist über »die« Götter. Sie, »die mächtige«, vermag noch ein Anderes als die Götter: in ihr als der Lichtung kann alles erst gegenwärtig sein. Die Natur nennt Hölderlin das Heilige, weil sie »älter denn die Zeiten und über die Götter« ist. Also ist »Heiligkeit« keineswegs die einem feststehenden Gott entliehene Eigenschaft. Das Heilige ist nicht heilig, weil es göttlich, sondern das Göttliche ist göttlich, weil es in seiner Weise »heilig« ist; denn »heilig« nennt Hölderlin in dieser Strophe auch »das Chaos«. Das Heilige ist das Wesen der Natur. Diese enthüllt als das Tagende ihr Wesen im Erwachen.

> Und hoch vom Äther bis zum Abgrund nieder
> Nach vestem Geseze, wie einst, aus heiligem Chaos gezeugt,

»Wie wenn am Feiertage...«

Fühlt neu die Begeisterung sich,
Die Allerschaffende wieder.

Dies »Und«, das dem »erwacht« folgt, leitet nicht fort zu Anderem, was außer dem Erwachen, etwa gar erst als dessen Folge, geschieht. Das »Und« leitet die Wesensenthüllung dessen ein, was die Natur als die erwachende ist. Im Erwachen kommt sie zu sich selbst. Die Begeisterung fühlt neu sich wieder, »die Allerschaffende«. So heißt jetzt die allgegenwärtige Natur. Das Lichte läßt alles hervorgehen in sein Erscheinen und Leuchten, auf daß jedes Wirkliche, von ihm selbst befeuert, in seinem eigenen Umriß und Maß steht. Dergestalt in sein eigenes Wesen unterschieden, ist alles Erscheinende vom Geist durchstrahlt: be-geistert. Die Natur be-geistert alles als die allgegenwärtige, allerschaffende. Sie ist selbst »die Begeisterung«. Be-geistern kann sie nur, weil sie »der Geist« ist. Der Geist waltet als die nüchterne aber kühne Aus-einandersetzung, die alles Anwesende in die wohlgeschiedenen Grenzen und Gefüge seiner Anwesung einsetzt. Solches Auseinandersetzen ist das wesentliche Denken. Das Eigenste »des Geistes« sind die »Gedanken«, durch die alles, weil auseinandergesetzt, gerade zusammengehört. Der Geist ist die einigende Einheit. Sie läßt das Zusammen alles Wirklichen in seiner Versammlung erscheinen. Der Geist ist deshalb wesenhaft in seinen »Gedanken« der »gemeinsame Geist«. Er ist der Geist in der Weise der Begeisterung, die alles Erscheinende in die Einheit der Allgegenwärtigen einbezieht. Diese selbst hat in der Begeisterung die Art ihrer Anwesung, die das Aufgehen und Erwachen ist. Im Erwachen wird die Natur, zu sich selbst kommend, von ihr selbst durchstimmt. Da die Natur allem voraus das Anfängliche ist, kann sie, wenn sie sich wieder fühlt, nur anfänglich, d. h. »neu« fühlen.

Das Offene, darin Jegliches die Anwesung und Weile hat, durchragt zuvor den Bereich aller Bezirke. Daher waltet das Erwachen »hoch vom Äther bis zum Abgrund nieder«. »Äther« ist der Name für den Vater des Lichtes und der allbelebenden lichten Luft. »Abgrund« heißt das alles Verschließende, das von »der

»*Wie wenn am Feiertage . . .*« 61

Mutter Erde« getragen wird. »Äther« und »Abgrund« nennen zumal die äußersten Bezirke des Wirklichen, aber auch die höchsten Gottheiten. Beide sind durchgeistet von der Begeisterung. Diese schweift nicht wie ein blinder Taumel in die Willkür. Sie ist
    Nach vestem Geseze, wie einst, aus heiligem Chaos gezeugt
Die Natur fügt alles Wirkliche in die Züge seines Wesens. Die Grundzüge des Alls entfalten sich, indem der »Geist« im Wirklichen erscheint und Geistiges im Geistigen widerscheint. Dazu müssen die Unsterblichen und die Sterblichen sich begegnen und beide je in ihrer Weise zum Wirklichen sich verhalten. Alles geeinzelte Wirkliche in all seinen Bezügen ist nur möglich, wenn allem zuvor die Natur das Offene gewährt, darinnen die Unsterblichen und Sterblichen und jeglich Ding sich begegnen können. Das Offene vermittelt die Bezüge zwischen allem Wirklichen. Dieses besteht nur aus solcher Vermittelung und ist daher ein Vermitteltes. Das also Mittelbare ist nur kraft der Mittelbarkeit. Daher muß die Mittelbarkeit in allem gegenwärtig sein. Das Offene selbst jedoch, das allem Zu- und Miteinander erst den Bereich gibt, darin sie sich gehören, entstammt keiner Vermittelung. Das Offene selbst ist das Unmittelbare. Kein Mittelbares, es sei ein Gott oder ein Mensch, vermag deshalb je das Unmittelbare unmittelbar zu erreichen. In diese Wesenstiefe des Alls blickend, erkennt Hölderlin aus seinem Denken die Bedeutung eines Bruchstückes von Pindar (Schröder n. 169):

  νόμος ὁ πάντων βασιλεὺς
  θνατῶν τε καὶ ἀθανάτων
  ἄγει δικαιῶν τὸ βιαιότατον
  ὑπερτάτᾳ χειρί . . .

In der Übersetzung Hölderlins (V², 276):

  Das Gesez,
  Von allen der König, Sterblichen und
  Unsterblichen; das führt eben
  Darum gewaltig
  Das gerechteste Recht mit allerhöchster Hand.

Hölderlin überschreibt dieses Bruchstück mit dem Wort »Das Höchste«. Aus eigener Besinnung sagt er dazu:

»Das Unmittelbare streng genommen, ist für die Sterblichen unmöglich, wie für die Unsterblichen; der Gott muss verschiedene Welten unterscheiden, seiner Natur gemäss, weil himmlische Güte, ihret selber wegen, heilig seyn muss, unvermischet. Der Mensch, als Erkennendes, muss auch verschiedene Welten unterscheiden, weil Erkenntniss nur durch Entgegensezung möglich ist. Deswegen ist das Unmittelbare, streng genommen, für die Sterblichen unmöglich, wie für die Unsterblichen.
Die strenge Mittelbarkeit ist aber das Gesez.«

Das in allem zuvor Gegenwärtige versammelt alles Vereinzelte in die eine Anwesenheit und vermittelt Jeglichem das Erscheinen. Die unmittelbare Allgegenwart ist die Mittlerin für alles Vermittelte und d. h. für das Mittelbare. Das Unmittelbare ist selbst nie ein Mittelbares, wohl dagegen ist das Unmittelbare, streng genommen, die Vermittelung, d. h. die Mittelbarkeit des Mittelbaren, weil sie dieses in seinem Wesen ermöglicht. Die »Natur« ist die alles vermittelnde Mittelbarkeit, ist »das Gesez«. Weil die Natur allem zuvor das Anfängliche, ursprünglich Unerschütterliche bleibt, ist sie das »veste Gesez«. Indem die Natur zu sich selbst erwacht, entspringt sie ihrem Wesen gemäß: »nach vestem Gesez«.

Allein die Natur ist doch »aus heiligem Chaos gezeugt«. Wie gehen »Chaos« und »Nomos« (»Gesez«) zusammen? »Chaos« bedeutet uns doch das Gesetzlose und Wirre. Hölderlin selbst sagt: »Und es wurzelt vielesbereitend heilige Wildniss.« (Die Titanen. IV², 208); er spricht von den »heiligen Wildnissen« (IV², 250, 341), auch von der »unbeholfenen Wildniss« (IV², 216) und von der »uralten Verwirrung« (Der Rhein. IV², 180). Doch χάος bedeutet zuerst das Gähnende, die klaffende Kluft, das zuvor sich öffnende Offene, worin alles eingeschlungen ist. Die Kluft versagt jeden Anhalt für ein Unterschiedenes und Gegründetes. Und deshalb scheint das Chaos für alle Erfahrung, die nur das Mittelbare kennt, das Unterschiedslose und somit

»*Wie wenn am Feiertage* ...« 63

das bloß Wirre zu sein. Das in solchem Sinne »Chaotische« ist jedoch nur das Unwesen dessen, was »Chaos« meint. Von der »Natur« (φύσις) her gedacht, bleibt das Chaos jenes Aufklaffen, aus dem das Offene sich öffnet, damit es jedem Unterschiedenen seine umgrenzte Anwesung gewähre. Deshalb nennt Hölderlin das »Chaos« und die »Wirrnis« »heilig«. Das Chaos ist das Heilige selbst. Kein Wirkliches geht dieser Aufklaffung vorher, sondern geht stets nur in sie ein. Jedes Erscheinende ist schon jedesmal von ihr überholt. Allem und über alles voraus ist die Natur »wie einst«. Sie ist das Einstige in einem doppelten Sinne. Sie ist das allem Vormaligen Älteste und das allem Nachmaligen Jüngste. Indem die Natur erwacht, kommt ihr Kommen als das Künftigste aus dem ältesten Gewesenen, das nie veraltet, weil es jedesmal das Jüngste ist.

Das stets Einstige ist das Heilige; denn als das Anfängliche bleibt es in sich unversehrt und »heil«. Das ursprünglich Heile aber verschenkt durch seine Allgegenwart jedem Wirklichen das Heil seiner Verweilung. Aber das Heile und Heilgewährende verschließt als das Unmittelbare in sich alle Fülle und jeglich Gefüge und ist so gerade unnahbar für jedes Vereinzelte, sei dies ein Gott oder ein Mensch. Das Heilige als das Un-nahbare wirft jeden unmittelbaren Zudrang des Mittelbaren aus seinem Vorhaben ins Vergebliche. Das Heilige setzt alles Erfahren aus seiner Gewöhnung heraus und entzieht ihm so den Standort. Also ent-setzend ist das Heilige das Entsetzliche selbst. Aber seine Entsetzlichkeit bleibt verborgen in der Milde des leichten Umfangens. Weil dieses jedoch die künftigen Dichter erzieht, wissen sie als die Einbezogenen das Heilige. Ihr Wissen ist das Ahnen. Das Ahnen gilt dem Kommenden und Aufgehenden, d. h. der Dämmerung. »Jezt aber tagts!« Was ist jetzt, wenn das Heilige selbst kommt?

> Und wie im Aug' ein Feuer dem Manne glänzt,
> Wenn hohes er entwarf: so ist
> Von neuem an den Zeichen, den Thaten der Welt jezt
> Ein Feuer angezündet in Seelen der Dichter.

Wie der hohe Entwurf des sinnenden Mannes widerleuchtet in seinem Blick, so erstrahlt, wenn das Heilige kommend sich enthüllt, »in Seelen der Dichter« ein Lichtes. Eine Helle entbreitet sich den vereinzelten Seelen jener Dichter, die vom Heiligen umfangen ihm zugehören. Weil sie mit der ahnenden Natur trauern, müssen sie auch beim Erwachen der Natur ins Lichte kommen und selbst eine Helle sein. Jene Dichter stehen dann selbst offen im Offenen, das sich »hoch vom Äther bis zum Abgrund nieder« lichtet. Die Offenheit des Offenen fügt sich zu dem, was wir »eine Welt« nennen. Deshalb allein treten für diese Dichter die Zeichen und die Taten der Welt in ein Licht; denn die Dichter sind nicht weltlos. Obzwar die Dichter ihrem Wesen nach dem Heiligen zugehören und, die Wirklichkeit alles Wirklichen, d. h. den »Geist« denkend, wesenhaft »geistig« sind, müssen sie doch zugleich auch eingelassen und gefangen bleiben im Wirklichen.

> Die Dichter müssen auch
> Die geistigen weltlich seyn. (Der Einzige. Erste Fassung.)

Daher können die Zeichen und die Taten der Welt ein Anlaß werden, an dem das Leuchten der aufgehenden Helle sich entzündet. Ein Anlaß nur sind die »weltlichen« »Sensationen«, »Wirksamkeiten« und »Erfolge«; denn zu keiner Zeit kann ein Welthaftes von sich aus bewirken, daß das Heilige kommt. Auch vermögen nur die, die das Kommende schon kommen sehen, etwas in der Welt als Zeichen des Kommenden zu deuten und als Tat für das Kommende abzuschätzen. Vollends aber sind die Zeichen und Taten der Welt niemals das, was eigentlich ins Offene treten soll. In die Offenbarkeit und damit auch in den Bereich des menschlichen Vernehmens kommt allein und »erst jetzt« das, »was zuvor geschah, doch kaum gefühlt...«. »Zuvor« bedeutet hier allem sonst Wirklichen voraus jenes Älteste der Zeiten, das vormals freilich nur in einem ersten Erglänzen vernehmlich wurde: das erstanfängliche Aufgehen dessen, was in allem seither gegenwärtig ist, aber seitdem auch der Verkehrung und gar

»*Wie wenn am Feiertage* ...« 65

der Vergessenheit anheimfällt, die »Natur« (φύσις). Wie aber waltete dieses Anfängliche vor dem jetzt »neu« anhebenden Erwachen und Bekanntwerden?

> Und die uns lächelnd den Aker gebauet,
> In Knechtsgestalt, sie sind bekannt, die
> Die Allebendigen, die Kräfte der Götter.

Die »allgegenwärtige« und die »allerschaffende« heißt jetzt die »allebendige« Natur. Zwar ist dies Wort von den Kräften der Götter gesagt. Und diese Kräfte sind auch das, wodurch die Götter das Ihre vermögen und so selbst sind, was sie sind. Aber die Kräfte stammen nicht von den Göttern, sondern die Götter sind kraft dieser Kräfte, die »allebendig« alles, auch die Götter, im »Leben« halten. Die Natur hat »zuvor« »lächelnd« den Menschen »den Aker« gebauet. Das Wort »der Acker« steht hier, mit einem flüchtigen Zurückwinken in die erste Strophe, für alles, worauf und woraus die Menschen leben. »Lächelnd« war vordem das Heil des Heiligen in allem gegenwärtig, mühelos und freundlich und deshalb unberührt davon, daß die Menschen »kaum fühlten«, was da geschehen. Die Menschen haben dies von der göttlichschönen Natur Gewährte in der Übereilung auf das Greifbare nur zu ihrem Nutzen und in ihren Dienst genommen und so die Allgegenwärtige in die Knechtsgestalt hinabgestoßen. Aber sie hat dies »lächelnd« in der Gelassenheit des Anfänglichen und allen Erfolgen überlegen zugelassen und die Menschen der Verkennung des Heiligen überlassen. Bei solcher Verkennung »der Natur« »ist« dann ein Jegliches nur noch das, was es leistet, während es doch in Wahrheit je nur das leistet, was es ist. Aber Jegliches, auch jedes Menschentum, »ist« nur nach der »Art«, wie die aus sich wesende Natur, das Heilige, in ihm gegenwärtig bleibt.

Wie aber soll, wenn nur die Dichter von der allgegenwärtigen Natur leicht umfangen sind, je »das Volk« in der Gegenwart des Heiligen stehen? Wie sollen die »Erdensöhne« je die »allebendigen Kräfte«, das Heilige, erfahren, wenn das Feuer nur »in

Seelen« der Dichter verschlossen bleibt? Selbst der Dichter vermag nie durch eigenes Sinnen das Heilige zu erlangen oder gar sein Wesen auszuschöpfen und durch das Fragen zu sich herzuzwingen.

> Erfrägst du sie? im Liede wehet ihr Geist, ...

Erst im »Gesang« und nur in ihm fügt sich der »Geist« zum besinnbaren Gefüge des Heiligen. Aber nicht in jedem »Sang« wehet der Geist. Dies ereignet sich nur im Lied,

> Wenn es von der Sonne des Tags und warmer Erd
> Entwacht, ...

In der Urschrift steht eindeutig »entwacht«, nicht wie die bisherigen Ausgaben lesen »entwächst«. Das Lied muß dem Erwachen der Natur »hoch vom Äther bis zum Abgrund nieder« entstammen. Wenn es so mit der »erwachenden Begeisterung« miterwacht, weht in ihm der Anhauch des Kommens des Heiligen. Anders wie sonst ist jetzt der Ursprung des Liedes. Sein Entwachen geschieht in »Wettern«, die »... hinwandeln zwischen Himmel und Erd und unter den Völkern«. Der Aufruhr jenes ganzen Bereiches ist nötig, in dem vormals die Natur zu schlafen schien. Dieser Aufruhr des Alls entspringt einer Erschütterung, die »vorbereiteter in Tiefen der Zeit«. Das Entwachen reicht in die älteste Zeit zurück, von der her alles Kommende schon vorbereitet ist. Deshalb sind auch die Erschütterungen des Alls »deutungsvoller ... uns« — nämlich den miterwachenden Dichtern. Der Reichtum des Anfänglichen schenkt ihrem Wort die Überfülle der kaum zu sagenden Bedeutung. Daher wird ihnen »eine Last von Scheitern« auf die Schultern gelegt. Darum ist dann auch für sie »Vieles zu behalten« (»Reif sind ...« IV^2, 71) und »Vieles ist zu sagen« (IV^2, 219, 221), »denn noch ist manches zu singen« (Am Quell der Donau. IV^2, 161). Aber weil die Erschütterungen aus der ältesten Tiefe der erwachenden Natur stammen, die Dichter jedoch von dieser leicht umfangen sind, muß ihnen auch die Begeisterung anwesender und so »vernehmlicher« sein.

Des gemeinsamen Geistes Gedanken sind,
Still endend in der Seele des Dichters.

Mit Bedacht hat Hölderlin nach dem »sind« ein Komma gesetzt. Wie ein unscheinbarer Meißelschlag des Bildhauers dem Gebilde ein anderes Gepräge verleiht, so legt dieses Komma ein eigenes Gewicht in das »sind«. Die »erwachende Natur«, die »Begeisterung« ist gegenwärtig. Die Art ihrer Gegenwart ist das Kommen. Das Heilige behält alles zusammen in der unversehrten Unmittelbarkeit seines »vesten Gesezes«. Alles auseinandersetzend bleibt der »Geist«, alles denkend durchfügend, allem zugetan. Er ist als »der Geist« stets »gemeinsamer Geist«. Und welcher Art ist die Gegenwart der alles durchwaltenden und in der Einheit behaltenden Begeisterung des Geistes? »Still endend in der Seele des Dichters.« Sie »endet« nicht in dem Sinne, daß sie hinschwindet und aufhört. Im Gegenteil: die Begeisterung wird eingelassen und aufbehalten, und zwar »still«. Die Erschütterung ist gestillt und verwahrt in die Besänftigung. Das Entsetzende des Heiligen ruht in der Milde der Seele »des Dichters«. Das Heilige ist still gegenwärtig als Kommendes. Deshalb wird es auch nie als ein Gegenstand vorgestellt und erfaßt. Überall sonst in diesem Gedicht spricht Hölderlin in der Mehrzahl von den Dichtern (v. 10/11, 16/17, 31, 56). Hier aber ist der eine Dichter gemeint, jener, der sagt: »Ich harrt und sah es kommen.« Seinem Wissen entstammt die Gewißheit des Wortes: »Des gemeinsamen Geistes Gedanken sind, still endend in der Seele des Dichters.«

In der fünften Strophe fehlt der Zahl nach ein Vers. So muß auch ein Zwischengedanke eingefügt werden, damit ein deutlicher Übergang zur nächsten Strophe besteht.

Jetzt, da es tagt, ist auch »der« Dichter erwacht. Durchstimmt von der erwachenden Begeisterung, ist jetzt ein »Geistiger« bestimmt, der einzige Dichter zu sein. Und erst muß ja ein Dichter sein, damit ein Wort des Liedes werden kann. Der eine Dichter verwahrt die gestillte Erschütterung des Heiligen in der Stille seines Schweigens. Weil ein Wortklang des echten Wortes nur aus der Stille entspringen kann, ist jetzt alles so bereit:

> Dass schnellbetroffen sie, Unendlichem
> Bekannt seit langer Zeit, von Erinnerung
> Erbebt, und ihr, von heilgem Stral entzündet,
> Die Frucht in Liebe geboren, der Götter und Menschen Werk
> Der Gesang, damit er beiden zeuge, glükt.

Der pindarische Bau dieser Verse wird durchspannt von dem einen Gedanken: Weil das Heilige in der Seele des Dichters still verwahrt ist, glückt ihr der Gesang, d. h. jetzt das Wort, das nur das Heilige sagen soll. Dies Glücken aber besteht nicht allein darin, daß ein Lied gelingt, sondern daß »ihr«, der Seele des Dichters, das Glück hold ist, insofern sie nicht im Werden des Werkes verunglückt. Dies betonte Wort, daß der Gesang glückt, will sagen: Das Drohende eines wesenhaften Unglücks wird überstanden. Woher jedoch soll hier ein Unglück drohen? Woher anders denn aus dem möglichen Nichtertragen des Glückes? Des Glückes nämlich jener Beglückung, die notwendig ist für die Geburt des Liedes. Denn mag auch die Seele des Dichters still die Gegenwart des Kommenden in sich verwahren, der Dichter vermag dennoch nie von sich aus unmittelbar das Heilige zu nennen. Die in der Seele des Dichters still gehegte Glut des Lichten bedarf der Entzündung. Stark genug dazu ist nur ein Lichtstrahl, der wieder vom Heiligen selbst entsandt wird. Also muß ein Höherer, der dem Heiligen näher und gleichwohl stets noch unter ihm ist, ein Gott, den Blitz der Entzündung in die Seele des Dichters werfen. Damit nimmt der Gott Jenes, was »über« ihn ist, das Heilige, auf sich und bringt es gesammelt in eine Schärfe und in den einen Schlag des einzigen Strahls, durch den er auf den Menschen »angewiesen« wird, um ihn zu beschenken.

Weil weder die Menschen noch die Götter je von sich her den unmittelbaren Bezug zum Heiligen vollbringen können, bedürfen die Menschen der Götter und die Himmlischen bedürfen der Sterblichen:

Nicht vermögen
Die Himmlischen alles. Nemlich es reichen
Die Sterblichen eh' in den Abgrund. (Mnemosyne.)

Nur so, daß die Götter Götter und die Menschen Menschen sein müssen und dabei doch nie ohne einander sein können, ist die Liebe zwischen ihnen. Durch die Mittlerschaft dieser Liebe gehören sie aber gerade nicht sich selbst, sondern dem Heiligen, das für sie die »strenge Mittelbarkeit«, »das Gesez« ist. Nun trifft jedoch der heilige Strahl den Dichter plötzlich. In einem Nu beglückt ihn göttliche Fülle. So »betroffen« möchte er sich vermessen, nur diesem Glück zu folgen und sich in den einen Besitz des Gottes zu verlieren. Das aber wäre das Unglück, weil dies den Verlust des dichterischen Wesens bedeutete; denn der Wesensstand des Dichters gründet nicht in der Empfängnis des Gottes, sondern in der Umfängnis durch das Heilige.

Allein der Dichter steht jetzt unter günstiger Witterung, so daß er dem, was in allem Endlichen zuvor schon anwest, dem »Unendlichen«, vertraut bleibt. Und weil die allgegenwärtige Natur »älter denn die Zeiten«, besteht auch die Zugehörigkeit zu ihr »seit langer Zeit«. Wenn jetzt der heilige Strahl den Dichter trifft, wird er nicht hingerissen in die Glut des Strahls, sondern vollends zugekehrt dem Heiligen. Die Seele des Dichters »erbebt« zwar und läßt so in sich die gestillte Erschütterung erwecken; aber sie erbebt von Erinnerung, will sagen, von der Erwartung dessen, was zuvor geschah; das ist das Sichöffnen des Heiligen. Das Erbeben bricht die Ruhe des Schweigens. Das Wort wird. Das so entspringende Wort-Werk läßt das Zusammengehören des Gottes und des Menschen erscheinen. Das Lied gibt dem Grund ihrer Zusammengehörigkeit das Zeugnis, bezeugt das Heilige. »Erst jezt«, da des gemeinsamen Geistes Gedanken zuvor offenbar sind, glückt der Seele des Dichters der Gesang. Aber nicht immer, wann ein Werk gelingt, ist auch das Glück.

So fiel, wie Dichter sagen, da sie sichtbar
Den Gott zu sehen begehrte, sein Bliz auf Semeles Haus

> Und Asche tödtlich getroffne gebahr,
> Die Frucht des Gewitters, den heiligen Bacchus.

Die Gier, den Gott nach menschlicher Art zu sehen, riß Semele fort in die einzige Glut des losgebundenen Blitzes. Die Empfangende vergaß des Heiligen. Zwar wurde die Frucht geboren, Bacchus, der Gott der »Rebe«, die

> Von Erd' und Himmel zeugt, wenn sie, getränkt
> Von hoher Sonn', aus dunklem Boden steigt, ...
> (Letzter Entwurf zum »Empedokles«.)

Aber die Frucht wurde nicht ihr, der Gebärenden, geboren, die im Entstehen der Frucht zu Asche verglühte. Das Geschick der Semele bekundet aus dem Gegensatz, wie allein die Gegenwart des Heiligen verbürgt, daß der Gesang wahrhaft glückt. Die Erinnerung an das von Euripides (Bacchen) und von Ovid (Metam. III, 293) gesagte Semelegeschick ist als Gegenspiel in das Gedicht nur eingelegt. Deshalb schließt auch der Beginn der folgenden (siebenten) Strophe nicht an das Ende der sechsten Strophe an, sondern nimmt deren Mitte auf:

> Und daher trinken himmlisches Feuer jezt
> Die Erdensöhne ohne Gefahr.
> Doch uns gebührt es, unter Gottes Gewittern,
> Ihr Dichter! mit entblösstem Haupte zu stehen,

Zwar erinnert das »trinken« an den Weingott, meint jedoch das Aufnehmen der anderen Frucht, das Vernehmen des im geglückten Liede wehenden Geistes durch die Menschen. Was sie im Liede vernehmen, ist die erwachende Begeisterung, die glühende Helle: »himmlisches Feuer«. Dieses Wort, das fortan in den Hymnen wiederkehrt (Der Rhein v. 100; Die Titanen v. 271), meint nicht den Blitz, sondern jenes »Feuer«, das vor der Geburt des Gesanges »jezt angezündet in Seelen der Dichter«, das Heilige. »Himmlisch« heißt dieses Feuer, weil es durch einen »Himmlischen« vermittelt ist. »Jezt«, da »es tagt«, »jezt«, da »die Natur mit Waffenklang erwacht«, »jezt«, da »erst offenbar ist, was zuvor geschah«, »jezt« hat das Heilige für die Erdensöhne das Gefahrenvolle verloren. Die Erschütterung des Chaos, das keinen Anhalt bietet, die Schrecknis des Unmittelbaren, das jeden Zudrang vereitelt, das Heilige ist durch die Stille des behüteten Dichters hindurch in die Milde des mittelbaren und vermittelnden Wortes gewandelt. Weil der Gesang aus dem Kommen des Heiligen geglückt ist, sind »die Erdensöhne« und »die Dichter« zumal in eine neue Wesensart versetzt, jedoch so, daß der Wesensstand der Erdensöhne und jener der Dichter noch entschiedener als bisher auseinanderrücken. Während jetzt den Erdensöhnen das Gefahrenlose einfach beschieden ist (»Und daher trinken ...«), sind die künftigen Dichter (»Doch uns gebührt es ...«) in die äußerste Gefahr gestellt. Jetzt müssen sie dort stehen, wo das Heilige selbst, vorbereiteter und anfänglicher, sich öffnet. Die Dichter müssen dem Unmittelbaren seine Unmittelbarkeit lassen und doch zugleich seine Vermittlung als das Einzige übernehmen. Deshalb ist dies ihnen Würde und Pflicht, im Bezug zu den höheren Mittlern zu bleiben. Jetzt, da es tagt, ist die »Last von Scheitern« nicht gemindert, sondern in das kaum Tragbare gesteigert. Wenn auch das Unmittelbare nie unmittelbar zu vernehmen ist, so gilt es doch, den vermittelnden Strahl »mit eigner Hand zu fassen« und selbst in den »Wettern« des aufgehenden Anfänglichen auszuharren. Im Wissen dieses Gebührenden gehören die Dichter zusammen. »Wir Dichter« — das sind jene Einzigen, Künftigen, als deren erster Hölderlin selbst alles, was zu sagen ist, vor-sagt. Was diesen Dichtern aufgegeben ist, das vermögen sie, wenn das Fassen und Reichen ihrer Hände vom »reinen Herzen« durchschwungen ist. »Herz« bedeutet Jenes, worin sich das eigenste Wesen dieser Dichter sammelt: die Stille der Zugehörigkeit in die Umfängnis des Heiligen. »Rein« sagt für Hölderlin stets so viel wie »ursprünglich«, entschieden verbleibend in anfänglicher Bestimmung. Dies eignet den Kindern. Das »reine Herz« ist hier nicht »moralisch« gemeint. Das Wort nennt die Art des Bezugs und die Weise der Entsprechung zur »allgegenwärtigen« Natur. Wenn die Dichter innebleiben in der Allgegenwart der mächtig-schönen »Natur«, dann ist auch jede Möglichkeit genommen, nur auf das Eigene zu pochen und sich in dem zu vermessen, was das Gesetz ist. Ihre Hände sind »schuldlos«. Ihre höchste Entschiedenheit, das dichtende Sagen, sieht dann aus wie das »unschuldigste aller Geschäffte«.

Mit dem Vers 62 schließt die siebente Strophe inhaltlich; aber auch gemäß der für die Strophen gewählten Versanzahl. Das bei Hellingrath und Zinkernagel am Ende von Vers 62 nach »Hände« gesetzte Komma steht nicht in der Urschrift. Mit Vers 63 beginnt ein Denken, das in das Sagen des Heiligen zurückkehrt und die Vollendung des Gedichtes einleitet. Deshalb wurde im vorliegenden Text an das Ende von Vers 62, das bei Hölderlin ohne Satzzeichen geblieben, ein Punkt gesetzt. Die siebente Strophe handelt von dem Zwiefachen: Die Gabe des Liedes, durch einen »Himmlischen« vermittelt, wird von den Dichtern den Erdensöhnen gereicht; die Dichter selbst aber sind unter »Gottes Gewitter« gestellt. Mit der Nennung der Erdensöhne und der Dichter kann aber dieses Gedicht im Ganzen nicht schließen. Denn was diesem Gedicht eigentlich und sonach in der Vollendung zu sagen aufgegeben ist, das sagt es selbst in der alles tragenden dritten Strophe:

> Jezt aber tagts! Ich harrt und sah es kommen,
> Und was ich sah, das Heilige sei mein Wort.

Zum Heiligen muß das Schlußwort dieses Gedichtes zurück. Von den Dichtern und von der Gabe des Liedes sagt das Gedicht auch und nur deshalb, weil das Heilige die Schrecknis der Allerschütterung und das Unmittelbare ist. Daher bedürfen die Erdensöhne der Vermittlung des Heiligen in der Gabe des gefahrenlosen Gesanges. Allein gerade dieses, daß das Heilige einer Vermittlung durch den Gott und die Dichter zugewiesen und in den Gesang geborgen wird, droht das Wesen des Heiligen in sein Gegenteil zu verkehren. Das Unmittelbare wird so zu einem Mittelbaren. Weil der Gesang nur mit dem Erwachen des

»*Wie wenn am Feiertage...*« 73

Heiligen entwacht, entspringt sogar das Mittelbare aus dem Unmittelbaren selbst. Dieser Ursprung des Gesanges, der »Waffenklang«, »mit« dem die Natur erwacht, ist somit die in die eigene Wesenstiefe des Heiligen hinabreichende Erschütterung. Indem das Heilige das Wort wird, kommt sein innerstes Wesen ins Wanken. Das Gesetz ist bedroht. Das Heilige droht unfest zu werden. Allein

> Des Vaters Stral, der reine versengt es nicht
> Und tieferschüttert, eines Gottes Leiden
> Mitleidend, bleibt das ewige Herz doch fest.

Dies Wort »das ewige Herz« ist einmalig in Hölderlins gesamter Dichtung. Was dieses Wort bedeutet, wird auch nur in diesem einzigen Gedicht gesagt.

Das Heilige ist in seinem Ursprung das »veste Gesez«, jene »strenge Mittelbarkeit«, in die alle Bezüge alles Wirklichen vermittelt sind. Alles ist nur, weil es in die Allgegenwart des Unversehrlichen gesammelt, in diesem inne ist:

> Alles ist innig.

So beginnt ein später Entwurf (IV², 381). Alles ist nur, indem es aus der Innigkeit des Allgegenwärtigen hervorscheint. Das Heilige ist die Innigkeit selbst, ist — »das Herz«.

Das Heilige aber, »über die Götter« und die Menschen, ist »älter denn die Zeiten«. Das Einstige, allem zuvor das Erste und allem nachher das Letzte, ist das allem Voraufgehende und alles in sich Einbehaltende: das Anfängliche und als dieses das Bleibende. Sein Bleiben ist die Ewigkeit des Ewigen. Das Heilige ist die einstige Innigkeit, ist »das ewige Herz«. Dieses Bleiben des Heiligen ist aber bedroht durch die aus ihm selbst stammende und mit seinem Kommen geforderte Vermittelung durch das Wort des Gesanges. Allein nicht erst das menschliche Wort, sondern eher noch und reißender schon droht der in die Entzündung und Zeugung des Wortes geschickte »heilige Stral« des Vaters das Heilige seiner Unmittelbarkeit zu entreißen und durch die Versetzung in das Mittelbare der Wesensvernichtung preiszugeben. Denn auch im »Stral des Vaters« ist das Heilige schon zum Mittelbaren entäußert, wenn anders sogar die Unsterblichen nur mittelbar sind zum Heiligen. Aber

>   Des Vaters Stral, der reine versengt es nicht ...

»es«, das ewige Herz. »Versengen« bedeutet hier gemäß der Wendung »sengen und brennen« soviel wie vernichten; statt »versengt es nicht« schrieb Hölderlin zuerst »tödtet nicht«. In harten, erregten Schriftzügen ist an den inneren Rand der Schlußverse folgende Bemerkung gesetzt:

>   Die / Sphäre / die höher / ist, als /
>   die des Menschen / diese ist der Gott.

Der Wink, den der Dichter in diesem Wort für sich festhalten will, soll an dieser Stelle sagen: Die höhere Sphäre, der heilige Stral, bedroht sogar das Heilige noch tiefer mit dem Verlust seines Wesens. Aber auch diese Sphäre ist nur »die höhere«, nicht »das Höchste«. So vermag das dem Ursprung Entsprungene nichts gegen den Ursprung. Und daher bleibt denn »das ewige Herz«, obzwar »tieferschüttert«, »doch fest«. Die Erschütterung freilich gründet in jener Tiefe, aus der das Heilige »eines Gottes Leiden mitleidet«. Inwiefern leidet der Gott, der sich als Blitz in den heiligen Strahl schickt? Der Strahl heißt in ausdrücklichem Zusatz »der reine«, weil er die Entschiedenheit des Zugehörens zum Heiligen innehält; denn »himmlische Güte, muß ihret selber wegen, heilig sein« (Zum Pindarfragment »Das Höchste«. V², 276). Dieses inständige Zugehören, nicht ein bloßes Erdulden, ist das Leiden. Wie aber Hölderlin das Wesen des Leidens denkt, enthüllt sich an einer nachträglichen Änderung der späteren Fassung jener Hymne, die überschrieben ist »Der Einzige«, welche Hymne ja sagen soll, daß der Gott der Christen gerade nicht der Einzige ist. Hier (IV², 379) spricht Hölderlin von einer

>   .... Wüste voll
>   Von Gesichten, daß zu bleiben in unschuldiger
>   Wahrheit ein Leiden ist.

»Wie wenn am Feiertage . . .« 75

Weil die einstige Innigkeit, das Bleiben im unversehrten »Gesez«, ein Leiden ist, deshalb leidet das ewige Herz aus seinem Wesensanfang. Daher leidet es auch »eines Gottes Leiden mit«. Indem das Heilige in die Entschiedenheit des Strahls, die ein Leiden ist, sich verschenkt, bleibt das Heilige doch, sich verstrahlend, in der Wahrheit seines Wesens und leidet so anfänglich. Weil jedoch dies dem Anfang entstammende Leiden kein preisgegebenes Dulden ist, sondern die alles in sich sammelnde Innigkeit, hat auch das Mitleiden mit dem Gott nicht die Art des Bedauerns und Erbarmens. Das Leiden ist das Festbleiben im Anfang. Für den Anfang ist das Aufgehen und die Verschenkung nie Verlust und Ende, sondern stets nur herrlicherer Anfang, anfänglichere Innigkeit. Das Heilige in seinem Festbleiben ist zu sagen. Sein Bleiben bedeutet aber nie das leere Andauern eines Vorhandenen, sondern ist das Kommen des Anfangs. Diesem zuvor als dem Einstigen kann nichts Anfänglicheres gedacht werden. Das Bleiben als Kommen ist die unvordenkliche Anfänglichkeit des Anfangs.

> Was bleibet aber, stiften die Dichter. (Andenken.)

Das Gedicht ist in mannigfacher Hinsicht unvollendet. Die Gestaltung des Schlusses zumal, für die Hölderlin selbst sich einst entschieden hätte, bleibt unbestimmbar. Aber alle Unvollendung ist hier nur die Folge des Überflusses, der aus dem innersten Anfang des Gedichtes quillt und das bündige Schlußwort verlangt. Jeder Versuch, das Gefüge der Schlußstrophe nachzuzeichnen, darf nur darauf trachten, Solche zu wecken, die hören können, was »das Wort« dieses Gedichtes ist.

> Jezt aber tagts! Ich harrt und sah es kommen,
> Und was ich sah, das Heilige sei mein Wort.

»Jezt« — wann ist dieses »Jezt«? Ist das der Zeitpunkt um 1800, da dies Gedicht entstand? Das »Jezt« nennt ja doch eindeutig den Zeitpunkt, in dem Hölderlin selbst sagt: »Jezt aber tagts!« Gewiß nennt das »Jezt« Hölderlins Zeit und keine andere. Aber

Hölderlins Zeit ist ja einzig die durch sein Wort angestimmte Zeit. Hölderlins Zeit ist allerdings im strengen Sinne seine Zeit. Aber diese seine Zeit ist gerade nicht das zu dieser Zeit nur gleichzeitige und übliche Zeitgenössische.

Das »Jezt« nennt das Kommen des Heiligen. Dieses Kommen allein gibt die »Zeit« an, in der es »Zeit« ist, daß die Geschichte sich wesentlichen Entscheidungen stellt. Solche »Zeit« läßt sich nie angeben (»datieren«) und ist nicht ausmeßbar durch Jahreszahlen und Abschnitte von Jahrhunderten. »Geschichtszahlen« sind lediglich das herzugebrachte Leitband, an dem menschliches Rechnen die Begebenheiten aufreiht. Diese besetzen immer nur den Vordergrund der Geschichte, der allein der Erkundung ($ἱστορεῖν$) zugänglich bleibt. Dieses »Historische« ist aber nie die Geschichte selbst. Geschichte ist selten. Geschichte ist nur dann, wenn je das Wesen der Wahrheit[a] anfänglich entschieden wird.

Das Heilige »älter denn die Zeiten« und »über die Götter« gründet in seinem Kommen einen anderen Anfang einer anderen Geschichte. Das Heilige entscheidet anfänglich zuvor über die Menschen und über die Götter, ob sie sind und wer sie sind und wie sie sind und wann sie sind. Kommendes wird in seinem Kommen gesagt durch das Rufen. Hölderlins Wort ist jetzt, mit diesem Gedicht anhebend, das rufende Wort. Hölderlins Wort ist jetzt »Hymnos« in einem neu geprägten und einzigen Sinne. Gewöhnlich übersetzen wir das griechische Wort $ὑμνεῖν$ mit »preisen« und »rühmen«. Wir meinen dabei leicht ein wörtertrunkenes Besingen und Ansingen. Allein jetzt ist das dichtende Wort das stiftende Sagen. Das Wort dieses Gesanges ist nicht mehr eine »Hymne an« etwas, weder die »Hymne an die Dichter«, noch aber auch die Hymne »an« die Natur, sondern die Hymne »des« Heiligen. Das Heilige verschenkt das Wort und kommt selbst in dieses Wort. Das Wort ist das Ereignis des

---

[a] Hölderlins Hymne »Wie wenn am Feiertage...«, 1. Auflage 1941: das Seyn selbst.

Heiligen. Hölderlins Dichtung ist jetzt anfängliches Rufen, das vom Kommenden selbst gerufen, dieses und nur dieses als das Heilige sagt. Das hymnische Wort ist jetzt »heiliggenöthiget«; und weil »heilig« genötiget, auch »heilignüchtern«. So sagt ein aus dem Jahr 1800 stammendes Bruchstück, das überschrieben ist »Deutscher Gesang«, dieses:

> ... dann sizt im tiefen Schatten,
> Wenn über dem Haupt die Ulme säuselt,
> Am kühlathmenden Bache der deutsche Dichter
> Und singt, wenn er des heilignüchternen Wassers
> Genug getrunken, fernhin lauschend in die Stille
> Den Seelengesang. (Bruchstück n. 10. IV², 244.)

Der »tiefe Schatten« rettet das dichtende Wort vor der übergroßen Helle des »himmlischen Feuers«. Der »kühlathmende Bach« schützt das dichtende Wort vor der überstarken Glut des »himmlischen Feuers«. Das Kühle und Schattige des Nüchternen entspricht dem Heiligen. Diese Nüchternheit verleugnet nicht die Begeisterung. Die Nüchternheit ist die allzeit bereite Grundstimmung der Bereitschaft für das Heilige.

Hölderlins Wort sagt das Heilige und nennt so den einmaligen Zeit-Raum der anfänglichen Entscheidung für das Wesensgefüge der künftigen Geschichte der Götter und der Menschentümer.

Dies Wort ist, noch ungehört, aufbewahrt in die abendländische Sprache der Deutschen.

»ANDENKEN«

Das Gedicht ›Andenken‹ (IV, 61 ff.)* ist zuerst in Seckendorfs Musenalmanach auf das Jahr 1808 erschienen. Entstanden ist es wohl um 1803/04. Handschriftlich bekannt ist nur die letzte Strophe. Sie steht auf dem ersten der Kleinfolioblätter, die den Entwurf zu der Stromdichtung tragen, der N. v. Hellingrath mit Grund die Überschrift ›Der Ister‹ gegeben hat (vgl. IV, 220 ff., 300 ff., 367). ῎Ιστρος lautet der griechische Name für den unteren Lauf des Stromes, den die Römer entsprechend »Ister«, in seinem oberen Lauf jedoch »Danubius« nannten (vgl. Pindar, Od. Olymp. III und Hölderlins bruchstückhafte Übersetzung V, 13 f.). Die Isterhymne dichtet das Stromwesen des Stromes, der in seinem oberen Lauf die Ortschaft des Ursprungsortes ihres Dichters urbar macht. Dieser Strom west in der entgegengesetzten Entsprechung zum Rhein, dessen heimatliches Wesen sich in der Nähe zum Taunus (Homburg, Frankfurt) bekundet (vgl. die Elegie ›Der Wanderer‹, IV, 102 ff.). Im oberen Lauf nahe der Quelle zwischen den Felsen fließt die Donau zögernd. Ihre dunklen Wasser stehen zuweilen und drängen sogar in Wirbeln rückwärts. Fast als käme dieses dem Ursprung entgegendrängende Strömen von dem Ort her, an dem der Strom in das fremde Meer ausgeht. Fast als sei der Strom, der in die Fremde des Ostens gehört als der Ister, gegenwärtig in der oberen Donau. Sie und ihr waldiges Felsental dichtend sagt Hölderlin (›Der Ister‹, IV, 220):

> Man nennet aber diesen den Ister
> Schön wohnt er.

Der heimische Strom kommt in die Nennung des unheimischen Namens. Er verbirgt das Rätsel des Ursprungs seines zu dichtenden Stromwesens (IV, 221):

---
* Der vorletzte Vers von ›Andenken‹ ist nach der von Fr. Beißner gegebenen Lesart geändert.

> Der scheinet aber fast
> Rükwärts zu gehen und
> Ich mein, er müsse kommen
> Von Osten.
> Vieles wäre
> Zu sagen davon.

Das Gedicht ›Andenken‹ sagt Einiges davon. Deshalb ist es wohl auch auf denselben Blättern um dieselbe Zeit gedichtet.

Andenken

> Der Nordost wehet,
> Der liebste unter den Winden
> Mir, weil er feurigen Geist
> Und gute Fahrt verheißet den Schiffern.
> Geh aber nun und grüße
> Die schöne Garonne,
> Und die Gärten von Bourdeaux
> Dort, wo am scharfen Ufer
> Hingehet der Steg und in den Strom
> Tief fällt der Bach, darüber aber
> Hinschauet ein edel Paar
> Von Eichen und Silberpappeln;

> Noch denket das mir wohl und wie
> Die breiten Gipfel neiget
> Der Ulmwald, über die Mühl',
> Im Hofe aber wächset ein Feigenbaum.
> An Feiertagen gehn
> Die braunen Frauen daselbst
> Auf seidnen Boden,
> Zur Märzenzeit,
> Wenn gleich ist Nacht und Tag,
> Und über langsamen Stegen,
> Von goldenen Träumen schwer,
> Einwiegende Lüfte ziehen.

»*Andenken*«

Es reiche aber,
Des dunkeln Lichtes voll,
Mir einer den duftenden Becher,
Damit ich ruhen möge; denn süß
Wär' unter Schatten der Schlummer.
Nicht ist es gut
Seellos von sterblichen
Gedanken zu seyn. Doch gut
Ist ein Gespräch und zu sagen
Des Herzens Meinung, zu hören viel
Von Tagen der Lieb',
Und Thaten, welche geschehen.

Wo aber sind die Freunde? Bellarmin
Mit dem Gefährten? Mancher
Trägt Scheue, an die Quelle zu gehn;
Es beginnet nemlich der Reichtum
Im Meere. Sie,
Wie Maler, bringen zusammen
Das Schöne der Erd' und verschmähn
Den geflügelten Krieg nicht, und
Zu wohnen einsam, jahrlang, unter
Dem entlaubten Mast, wo nicht die Nacht durchglänzen
Die Feiertage der Stadt,
Und Saitenspiel und eingeborener Tanz nicht.

Nun aber sind zu Indiern
Die Männer gegangen,
Dort an der luftigen Spiz'
An Traubenbergen, wo herab
Die Dordogne kommt
Und zusammen mit der prächt'gen
Garonne meerbreit
Ausgehet der Strom. Es nehmet aber
Und giebt Gedächtniß die See,
Und die Lieb' auch heftet fleißige Augen.
Was bleibet aber, stiften die Dichter.

»Andenken«

Die Überschrift *Andenken* scheint Klares zu bedeuten. Doch das Wort hat nach dem ersten Hören des Gedichtes die vermutete Eindeutigkeit verloren. Zunächst kann die Überschrift bedeuten, das Gedicht sei als dieses geglückte sprachliche Gebilde ein Zeichen, das der Dichter zum »Andenken« an frühere »Erlebnisse« den Freunden widmet. Man bemerkt auch leicht, daß hier ein Gedenken an den Aufenthalt Hölderlins im »südlichen Frankreich« zum Wort kommt. Die beiden Briefe an den Freund Böhlendorf, der eine am 4. Dezember 1801 kurz vor der Abreise nach Bordeaux geschrieben (V, 318 ff.), der andere am 2. Dezember 1802 einige Zeit nach der Rückkehr in das Haus der Mutter (V, 327 ff.), geben eindeutige Berichte über das Geschehene. Wenn wir am Leitfaden dieser »Quellen« den »Inhalt« des Gedichtes nach Erinnerungen an Hölderlins Aufenthalt in Frankreich absuchen, finden wir mancherlei. Was liegt jetzt näher als die Auskunft, das Gedicht gestalte »lyrisch« denselben »Stoff«, den der zweite Brief an Böhlendorf in der Form eines Reiseberichts »prosaisch« erwähnt? Nach dieser naheliegenden Meinung trägt dann das Gedicht seine Überschrift mit gutem und leicht ersichtlichem Recht.

Gesetzt aber, der »Inhalt« des Gedichtes sei nicht dasselbe wie das im Gedicht erst Gedichtete, gesetzt auch, die Überschrift des Gedichtes nenne das Gedichtete seiner Dichtung und nicht die darin auch vorkommenden »Inhalte«, dann führt das hastige Haften am »Stofflichen« unser Aufmerken auf das dichtende Wort sogleich in die Irre. Dasselbe Trachten nach dem »Inhalt« verleitet aber auch dazu, die genannten Briefe nur als »Quellen« für die Lebensgeschichte Hölderlins zu mißbrauchen. Statt dessen müssen wir im Wort der Briefe ein eigengestaltiges Sagen vernehmen, das nicht weniger entschieden, wohl dagegen in anderer Weise, das Dichterische dieses Dichters nennt. Im zweiten Brief schreibt Hölderlin, das Menschentum des südlichen Frankreichs habe ihn mit dem eigentlichen Wesen der Griechen bekannter gemacht. Das Verweilen in der Fremde des südlichen Himmels birgt dem Dichter zum voraus und stets eine höhere

»*Andenken*« 83

Wahrheit in sich: das »Denken« dieses Dichters »an« das Land der Griechen. Dieses »Andenken« hat seinen Wesensursprung nicht in dem berichteten Aufenthalt in Frankreich; denn es ist ein Grundzug des Dichtens dieses Dichters, weil ihm die Wanderschaft in die Fremde wesentlich bleibt für die Heimkehr in das eigene Gesetz seines dichterischen Gesanges. Die dichterische Wanderschaft in die Fremde endet auch nicht mit der Ausfahrt zum südlichen Land. Der Beginn der Schlußstrophe von ›Andenken‹ weist über das Griechenland hinaus weiter nach Osten zu den *Indiern*. Der Gesang dieses Gedichtes denkt im vorhinein an diese ferne Fremde. Die erste Strophe der Isterhymne gibt den Wink:

> Wir singen aber vom Indus her
> Fernangekommen und
> Vom Alpheus, . . .

Ist *Andenken* schon ein Zurückdenken, dann denkt es an die *Ströme* der Indier und der Griechen. Aber ist »Andenken« nur ein Zurückdenken? Das Erinnern an das Vergangene trifft auf das Unwiderrufliche. Dieses duldet keine Frage mehr. »Andenken« bewahrt dann, allen Fragens enthoben, das Vergangene. Aber das Gedicht *Andenken* fragt. In seiner Mitte erhebt sich als Beginn der vierten Strophe die Frage:

> Wo aber sind die Freunde?

Dieser Ruf nach den Freunden ist nicht das am Vergangenen hängende Grübeln darüber, was ehedem mit ihnen geschehen sein könnte. Die Frage bedenkt, wohin die Freunde gegangen, ob ihr Gang und wie er ein Gang an die Quelle sei. Kann solches Fragen noch *Andenken* heißen? Was soll gar in einem »lyrisch« erinnernden Zurückdenken das Gipfelwort dieses Gedichtes?:

> Was bleibet aber, stiften die Dichter.

»Denkt« hier der Dichter an Vergangenes, das bleibt, weil es übrig geblieben? Wozu dann noch ein Stiften? »Denkt« das

Stiften nicht eher »an« das Künftige? Dann wäre *Andenken* doch ein Andenken, aber solches, das an das Kommende denkt. Gesetzt, dies *Andenken* denkt voraus, dann kann auch das Zurückdenken nicht an ein »Vergangenes« denken, dem nur der Bescheid des Unwiderruflichen zu leihen wäre. Das »Denken an« das Kommende kann nur das »Denken an« das Gewesene sein, worunter wir im Unterschied zum nur Vergangenen das fernher noch Wesende verstehen. Was ist dann dieses zweideutige *Andenken?* Der Dichter antwortet auf unsere Frage, indem er das Wesen dieses »Andenkens« dichtet. Die dichterische Wahrheit dieses Wesens ist das im Gedicht ›Andenken‹ Gedichtete. Seine Überschrift sagt, daß hier das Wesen des dichtenden Denkens der künftigen Dichter gedichtet sei. Das ist ein Anderes als das poetische Gestalten der Reiseerinnerungen des Hauslehrers Hölderlin.

> Der Nordost wehet,
> Der liebste unter den Winden
> Mir, weil er feurigen Geist
> Und gute Fahrt verheißet den Schiffern.

Der Nordost ist der Wind (schwäbisch »der Luft«), der in der Heimat des Dichters »die Luft« (den *Äther*) aufheitert und die Heitere fernhin geräumig macht. Der Nordost fegt den Himmel blank. Er gibt dem Strahlen und Leuchten der Sonne (dem *himmlischen Feuer*) eine freie, kühle Bahn. Die scharfe Klarheit dieses Windes bringt in die Luft, darin alles Lebende und zumal die Erdensöhne atmen, das Unbestechliche der Durchsichtigkeit aller Dinge. Der Nordost legt eine freizügige Beständigkeit in die Witterung und zeitigt die Zeit der dunstlosen Stimmung. »Dieser Luft« heiligt *die heilige Luft, die Schwester des Geistes, der feuermächtig in uns waltet und lebt* (›Hyperion‹, I.T. 2. Buch, II, 147). Der Nordost zeigt und führt hinweg aus dem heimischen Land in die einzige Richtung des südwestlichen Himmels und seines *Feuers*. Wer dort im südlichen Land sich aufhält, empfängt vom Nordost die Botschaft der scharfen Kühle und Klar-

»*Andenken*« 85

heit der Heimat. Ein Bruchstück (Hellingrath n. 24, IV, 256f.) nennt die *Staaren, die im Olivenland die klugen Sinne pflegen. Sie spüren nemlich die Heimath,* ...

*Wenn aber
Die Luft sich bahnt,
Und ihnen machet waker
Scharfwehend die Augen der Nordost, fliegen sie auf,*

Der Nordost ruft die Zugvögel aus der Fremde in die Heimat, damit sie dort wackeren Auges ihr Eigenes er-sehen und pflegen. Der Wind weht. Wir sagen auch: der Wind geht. Aber indem er »geht«, entschwindet er nicht, sondern dies »Gehen« ist das Bleiben des Windes. Er bleibt nur, solange er »geht«. *Der Nordost wehet.* Ist dies eine feststellende Aussage über die Witterung? Wie könnte ein Gedicht so »prosaisch« beginnen? Das Wort ist wohl eine »poetische« Schilderung der »Natur«, vielleicht auch die bildhafte Umrahmung für nachfolgende »Gedanken«. Oder bezeugt das Wort, eine verborgene Stille brechend, nicht eher die Einkehr der Beglückung durch ein Entschiedenes? Klingt das Wort nicht wie ein Dank? Müssen wir dem Beginn dieses Gesanges nicht ein langes Vorspiel vorausdenken, um das Anheben mit diesem Wort recht zu hören? Der Nordost wird begrüßt:

Der liebste unter den Winden / Mir, ... Warum ist der Nordost der vor allen anderen Winden gewürdigte Wind? Wo ist der, dem dieser Wind der liebste ist? Wer spricht hier? Hölderlin selbst. Aber wer ist hier und jetzt Hölderlin in seinem Selbst? Derjenige, dessen Wesen seine Erfüllung gefunden in dem »Willen«, daß dieser Wind sei und als der sei, der er ist. Das so in den Wesenswillen eines Selbst Aufgenommene ist das Liebste. Der Nordost ist der liebste Wind,

weil er feurigen Geist / Und gute Fahrt verheißet den Schiffern.
Das Schlußwort dieser Begründung der Vorliebe für den Nord-

ost nennt *die Schiffer*. Von ihnen und nur von ihnen sagt die vierte Strophe des Gedichtes. Die fünfte Strophe spricht von den Männern, die am *meerbreiten* Ausgang des Stromes *zu den Indiern gegangen* sind. Also werden erneut *die Schiffer* genannt und dies gar in der Strophe, die mit dem Wort *die Dichter* endet. So wäre für Hölderlin der Name *die Schiffer* das Wesenswort für *die Dichter?* Brückenlos und doch sich zuwinkend stehen in einem Entwurf die Verse (Bruchstück n. 1, IV, 237):

So wandert das Wetter Gottes über

Aber du heilger Gesang

Und suchst armer Schiffer den gewohnten

Zu den Sternen siehe.

Die *Schiffer* sind die kommenden Dichter Germaniens. Sie sagen das Heilige. Sie müssen deshalb den Himmel kennen und in den Himmelsrichtungen erfahren sein. Diesen *Schiffern* weist der Nordost den Ursprungsort des *heißen Reichtums* des *himmlischen Feuers* (›Die Titanen‹, IV, 208 f.) voraus und bereitet ihnen die Gunst der Ausfahrt über die See in die Fremde. Die Erfahrung des Feuers vom Himmel im fremden Land wird durch den Nordost verheißen. Dieser Wind »heißt« die Dichter sich in das Geschick ihres geschichtlichen Wesens finden. Weil der Nordost die Gewähr dieser Schickung schenkt, ist er die Wahrheit des verborgenen Wesenswillens dieses Dichters. Überall wo Hölderlin in diesem Gedicht *ich* und *mir* sagt, spricht er als dieser Dichter. Das gilt nicht nur insofern, als diese »persönlichen Fürwörter« in einem von Hölderlin gedichteten Gedicht vorkommen, sondern weil dieses *Andenken* auf die Wesensschickung dieses Dichters hinaus und nicht an seine »persönlichen Erlebnisse« zurückdenkt. Die Vorliebe dieses Dichters für den Nordost begrüßt in diesem Wind die Einräumung des Zeit-Raumes, in dem der

»Andenken« 87

Wesenswille der Wille »des« Kommenden ist. *Doch kommt das, was ich will* (Bruchstück n. 25, IV, 257). »Wille« meint hier keineswegs die eigensüchtig betriebene Erzwingung eines selbstisch errechneten Begehrens. Wille ist die wissende Bereitschaft für die Zugehörigkeit in das Geschick. Dieser Wille will nur das, was kommt, weil das Kommende schon diesen Willen auf ein Wissen angesprochen hat und ihn »heißt«, im Wind der Verheißung zu stehen. In der Vorliebe für den Nordost waltet die Liebe zur Erfahrung des *feurigen Geistes* in der Fremde. Die Liebe zum Unheimischsein umwillen des Heimischwerdens im Eigenen ist das Wesensgesetz des Geschickes, durch das der Dichter in die Gründung der Geschichte des »Vaterlandes« geschickt wird. Hölderlin spricht sein entschiedenes Wissen von diesem Gesetz in dem »Brief« aus, den er v o r der Abreise nach dem südlichen Frankreich an den Freund schreibt (V 319 f.):

Wir lernen nichts schwerer als das Nationelle frei gebrauchen. Und wie ich glaube, ist gerade die Klarheit der Darstellung uns ursprünglich so natürlich, wie den Griechen das Feuer vom Himmel. — Aber das Eigene muß so gut gelernt seyn, wie das Fremde. Deßwegen sind uns die Griechen unentbehrlich. Nur werden wir ihnen gerade in unserm Eigenen, Nationellen nicht nachkommen, weil, wie gesagt, der f r e i e Gebrauch des E i g e n e n das schwerste ist.

Dies ist das Gesetz des dichtenden Heimischwerdens im Eigenen aus der dichtenden Durchfahrt des Unheimischseins im Fremden. Das Eigene der Griechen ist das *Feuer vom Himmel.* Das Licht und die Glut, die ihnen Ankunft und Nähe der Götter verbürgen, ist ihr Heimisches. Aber in diesem Feuer sind sie am Beginn ihrer Geschichte gerade nicht daheim. Um dieses Eigene anzueignen, müssen sie durch das ihnen Fremde hindurch. Das ist die *Klarheit der Darstellung.* Von ihr müssen sie befremdet und gefaßt sein, um mit deren Hilfe erst das Feuer in den heiteren Glanz der gefügten Helle zu bringen. Durch das ihnen Fremde hindurch, das kühle Sichfassenkönnen, wird ihnen erst ihr Eigenes zum Eigentum. Aus der Strenge des dichtenden denkenden bildenden Fassens vermögen sie erst den Göttern in einer hellgefügten Anwesenheit entgegenzukommen. Das ist ihr Gründen und Bauen der πόλις als der vom Heiligen bestimmten Wesensstätte der Geschichte. Die πόλις bestimmt »das Politische«. Dieses als die Folge kann nie über ihren Grund, die πόλις selbst und ihre Gründung, entscheiden. Die Schwäche der Griechen liegt darin, sich angesichts des Übermaßes des Geschickes und seiner Schickungen nicht fassen zu können. Ihre Größe wird es, das Sichfassenkönnen, das ihnen Fremde, gelernt zu haben.

Das *Natürliche* der Deutschen aber ist umgekehrt *die Klarheit der Darstellung*. Das Fassenkönnen, das Vorbilden der Entwürfe, das Errichten der Gerüste und Einfassungen, das Bereitstellen der Rahmen und Fächer, das Einteilen und Gliedern reißt sie fort. Dieses Angeborene wird jedoch den Deutschen so lange nicht eigentlich ihr Eigenes, als dieses Fassenkönnen nicht in die Not geschickt wird, das Unfaßliche zu fassen und sich selbst angesichts des Unfaßlichen in die »Verfassung« zu bringen. Was den Deutschen erst als das ihnen Fremde entgegenkommen und in der Fremde erfahren werden muß, ist das *Feuer vom Himmel*. In der Not der Betroffenheit durch dieses werden sie zur Aneignung und zum brauchenden Gebrauch ihres Eigenen genötigt. Deshalb muß nach dem Wort des Dichters im Zeitalter der Deutschen *die Haupttendenz sein, etwas treffen zu können, Geschik zu haben, da das Schiksaallose, das δύσμορον, unsere Schwäche ist*. Diese Bemerkung steht in den Betrachtungen, die Hölderlin seiner Antigoneübersetzung mitgegeben hat (V, 258).

Das *Natürliche* eines geschichtlichen Volkes ist erst dann wahrhaft Natur, d. h. Wesensgrund, wenn das Natürliche zum Geschichtlichen seiner Geschichte geworden. Dazu muß die Geschichte des Volkes in ihr Eigenes sich finden und darin wohnen. Wie aber wohnt der Mensch auf dieser Erde? In dem späten, nach seiner Herkunft dunklen, in seiner Wahrheit jedoch ohne den wacheren Geist Hölderlins undenkbaren Gedicht ›In lieblicher Bläue blühet...‹ steht das Wort (VI, 24 f.):

» Andenken «

Voll Verdienst, doch dichterisch wohnet
Der Mensch auf dieser Erde.

Das Wort enthält eine Einschränkung dessen, was im voraus zugestanden wird. *Voll Verdienst* zwar ist der Mensch, wenn er in seinem Wirken Werke schafft. Unübersehbar ist, was der Mensch ausrichtet, wodurch er sich auf der Erde einrichtet, indem er sie bearbeitet, abmüdet und nützt, um sich selbst zu schützen, seine Leistung zu fördern und zu sichern. *Doch* — ist dies alles schon das Wohnen, das den Menschen heimisch sein läßt in dem Wahren, woran er sich halten kann? Alles Leisten und Werken, Anbauen und Pflegen bleibt »Kultur«. Sie ist immer nur und stets schon die Folge eines Wohnens. Dieses aber ist *dichterisch*. Doch wie und woher und wann kommt das Dichterische? Ist es ein Gemächte der Dichter? Oder sind die Dichter und das Dichterische jeweils bestimmt durch die Dichtung? Aber was ist das Wesen der Dichtung? Wer bestimmt es? Läßt sich dies Wesen aus den vielen Verdiensten des Menschen auf dieser Erde ablesen? Es scheint so, weil das neuzeitliche Meinen die Dichter zu den schöpferisch Schaffenden zählt und die Dichtungen unter die Kulturleistungen verrechnet. Wenn aber nach dem Wort des Dichters das Dichterische allem *Verdienst* entgegengesetzt ist und nicht unter das Verdienst des Menschen fällt, wenn das Dichterische auch nicht an sich irgendwo vorhanden ist, wie sollen die Menschen dann das Dichterische je erfahren können, um in seinem Wesensgesetz zu wohnen? Wer anders vermag an das Wesen der Dichtung zu denken als die Dichter? Also müssen Dichter sein, die erst das »Dichterische« selbst zeigen und als den Grund des Wohnens gründen. Um dieser Gründung willen müssen diese Dichter selbst zuvor dichtend wohnen. Wo können sie bleiben? Wie findet und wo hat der dichtende Geist seine Heimat?

nemlich zu Hauß ist der Geist
Nicht im Anfang, nicht an der Quell. Ihn zehret die Heimath.

Kolonie liebt, und tapfer Vergessen der Geist.
Unsere Blumen erfreun und die Schatten unserer Wälder
Den Verschmachteten. Fast wär der Beseeler verbrandt.

Diese Verse gehören zu einem späten Entwurf der Schlußstrophe der Elegie ›Brod und Wein‹*. Sie nennen *den Geist* und *den Beseeler*. Der Geist ist der wissende Wille, der darauf denkt, daß jegliches, das ein Wirkliches werden mag und sein kann, in die Wahrheit seines Wesens kommt. Der Geist denkt die allem Wirklichen aus der Einheit seines Wesens zukommende Wirklichkeit. Der Geist ist der wissende Wille des Ursprungs. Der Geist ist als der Geist Allem der Geist. *Des gemeinsamen Geistes Gedanken* denken die Wirklichkeit des Wirklichen diesem voraus. Die Wirklichkeit ist vom Wirklichen aus gerechnet ein Unwirkliches, das, zuvor in seiner Wahrheit zu dieser entworfen, in ihr sich festigt. Also sich festigend ist die selbst unwirkliche Wirklichkeit des Wirklichen das erste Gedichtete. Des gemeinsamen Geistes Gedanken sind dichtend. Wenn der *Geist* jemals

---

* Friedrich B e i ß n e r hat diese von Hellingrath noch nicht gebrachten Verse entdeckt und in seiner wichtigen Schrift ›Hölderlins Übersetzungen aus dem Griechischen‹, 1933, S. 147, zum erstenmal veröffentlicht. B. hat auch die Bedeutung dieser Verse für die Erörterung der Frage nach Hölderlins Bezug zu ›Hesperien und Griechenland‹ erkannt. — Inwieweit das in diesen Versen gedichtete Gesetz der Geschichtlichkeit sich aus dem Prinzip der unbedingten Subjektivität der deutschen absoluten Metaphysik Schellings und Hegels herleiten läßt, nach deren Lehre das Bei-sich-selbst-sein des Geistes erst die Rückkehr zu sich selbst und diese wiederum das Außer-sich-sein vorausfordert, inwieweit ein solcher Hinweis auf die Metaphysik, selbst wenn er »historisch richtige« Beziehungen ausfindig macht, das dichterische Gesetz aufhellt oder nicht eher verdunkelt, sei dem Nachdenken nur vorgelegt. Außerdem gilt es zu sehen, daß die in der Hölderlin-Forschung viel verhandelte Frage der »abendländischen Wendung« dieses Dichters (ob Hinwendung zum Christentum bei Abwendung vom Griechentum, ob gewandelte Zuwendung zu beiden) schon als Frage zu kurz gedacht ist und im Außenwerk der »historischen« Erscheinungen hängen bleibt. Denn Hölderlin hat sich zwar gewandelt, aber nicht gewendet. Er hat nur das Eigene, dem er stets zugewendet war, in der Wandlung erst gefunden. Mit seiner Wandlung wandelt sich das Wissen von der Wahrheit des Griechentums und des Christentums und d e s O s t e n s überhaupt. Die gewohnten Bezirke und Zeitalter der historischen Betrachtung werden hinfällig.

»der Geist« der Geschichte eines Menschentums auf dieser Erde werden will, müssen die dichtenden Gedanken des Geistes sich sammeln und vollenden in der Seele des Dichters, sofern dieser auf der Erde und doch über sie hinaus den Himmel zeigt und in diesem Zeigen erst die Erde in ihrem dichterischen Äther erscheinen läßt. Vom dichtenden Geist begeistert, ist die Seele des Dichters beseelend, weil er den dichtenden Grund des Wirklichen nennt und dieses durch seine gezeigte Wirklichkeit erst zum »Wesen« bringt. Der dichtende Geist gründet durch den *Beseeler* das dichterische Wohnen der Erdensöhne. Also muß *der Geist* selbst zuvor im gründenden Grund wohnen. Das dichtende Wohnen der Dichter geht dem dichterischen Wohnen der Menschen voraus. Der dichtende Geist wird deshalb als dieser von Hause aus *zu Hauß* sein. Wurzelt doch auch der Baum, seitdem er zu wachsen begonnen, in seinem Grund, ohne ihn zu verlassen. Lebt doch auch das Tier zu seinem Beginn und während desselben am meisten im Ei. Kommt doch selbst das leblose Ding, das eine menschliche Hand anfertigt, bei seinem Beginn zuerst in seinem Entstehungsgrund vor, um dann aus diesem Vorkommen im bearbeiteten Stoff durch die Herstellung hervorzukommen in sein Fertiges. Lebendiges und Lebloses west, zu seinem Beginn wenigstens, wenngleich später nie mehr, an seinem Herkunftsort und hat diesen zu solcher Zeit am reinsten inne. Das wird nach der Entsprechung, an deren Leitseil man gern alles Wirkliche denkt, auch vom Geist und von ihm zuerst gelten. Denn er steht doch zu Zeiten für den Menschen leicht im Anschein des »Schöpferischen« und des »Genies«. Alles »Schaffende« muß aber in seinem Entstehungsgrund zuhause sein. Wie sollte es sonst in seine »Größe« emporwachsen können. Es scheint, der Geist müsse als der »lebendige« noch pflanzlicher sein als die Pflanze und noch tierischer als das Tier. Doch der Geist ist Geist. Sein Dichten west nach eigenem Gesetz.

nemlich zu Hauß ist der Geist / Nicht im Anfang, nicht an der Quell. Der Geist ist zum Beginn im eigenen Hause nicht zuhaus.

Das Heimischsein ist, was es ist, durch die aus der Heimat selbst entspringende und sie haltende Nähe zu ihr. Die Heimat ist der Ursprung und der Ursprungsgrund des Geistes. Wenn er *im Anfang* nicht heimisch ist, dann ist er bei seinem Beginn, das nämlich bedeutet hier *Anfang*, auch *nicht an der Quell*. Das *nicht an der Quell* enthält keineswegs nur die anders gewendete Wiederholung des vorangehenden *nicht im Anfang;* denn das erste *nicht* des Verses verneint das voraufgehende *zu Hauß*, während das zweite *nicht* das nachfolgende *an der Quell* verneint. So wird gesagt, daß das Heimischsein im *zu Hauß* darin besteht, daß der dichtende Geist in der Nähe *der Quelle* verweilt. Warum aber ist der dichtende Geist, und d. h. der Beseeler, im Beginn nicht an der Quell?

Ihn zehret die Heimath. Der Geist west als Geist auch in seinem Beginn schon offen in das Offene, sonst wäre er nicht der Geist. Deshalb kommt dem wissenden Willen im Beginn auch seine Heimat auf ihn zu. Aber sie kommt, weil sie der Ursprung ist, zunächst notwendig so, daß sie sich verschließt. Denn zunächst zeigt sich der Ursprung in seinem Entspringen. Das Nächste des Entspringens ist aber sein Entsprungenes. Der Ursprung hat dieses aus sich entlassen, so zwar, daß er sich in diesem Entsprungenen selbst nicht zeigt, sondern hinter seinem Erscheinen sich verbirgt und entzieht. Das nächste Heimische ist nicht schon die Nähe der Heimat. Weil jedoch das Sichoffenhalten des Geistes am Beginn im entsprungenen Heimischen unmittelbar die Heimat zu fassen meint, kann er diese, da sie solchem Fassenwollen sich entzieht, gerade nicht finden. An das Heimische gekehrt und in ihm die Heimat wollend, wird der Geist am Beginn von der Heimat verstoßen und in ein immer vergeblicheres Suchen hineingestoßen. So verzehrt der Geist durch den eigenen Willen, unmittelbar im Eigenen *zu Hauß* zu sein, alsbald seine Wesenskräfte. Die Heimat, die verschlossene selbst, ist es, die an ihm zehrt. Sie bedroht den dichtenden Geist mit der Auszehrung. Diese bedeutet den Wesensverlust. Aber auch jetzt noch bleibt der Geist als der wissende Wille des Ursprungs der Heimat zugewendet, so daß eben diese Zuwendung in ihm den Willen erwachen läßt, um der Heimat willen das Unheimischsein, das ihm die sich verschließende Heimat schon nahe bringt, eigens aufzusuchen. Dies geschieht dadurch, daß er jenes in seinen Wesenswillen nimmt, was wesenhaft das Unheimischsein gewährt. Das ist die Fremde, und zwar jene, die zugleich an die Heimat denken läßt.

Kolonie liebt ... der Geist. Die Kolonie ist das auf das Mutterland zurückweisende Tochterland. Indem der Geist Land solchen Wesens liebt, liebt er unmittelbar und verborgen doch nur die Mutter. Das ist die heimatliche Erde, die nach der Hymne ›Die Wanderung‹ (IV, 170) jedoch *schwer zu gewinnen, die Verschlossene.* Weil der Geist nicht lediglich in ein Fremdartiges flüchtet, sondern *Kolonie liebt,* ist er also liebend in einem wesentlichen Sinne *nicht zu Hauß*.

und tapfer Vergessen liebt der Geist. Er liebt dies nicht außerdem, sondern aus der Liebe für Kolonie. Das *und* bedeutet: »und deshalb« liebt der Geist um dieser Liebe willen »auch« ein Vergessen. Was ist dies? Wir kennen es meist in der Form des Nichtmehr-daran-denkens. Es ist wie eine Art von Andenken. »Vergessen« kann heißen, daß uns etwas entgeht und entgangen ist; aber auch, daß wir es uns entgehen lassen und sogar aus dem Sinn schlagen. Vergessen ist bald ein Verlieren, bald ein Verstoßen, bald auch beides. Wenn wir im Vergessen etwas von uns weghalten, dann kommt es leicht zur Flucht in anderes, was uns gefangen nimmt, so daß wir dabei »uns vergessen«. In all solchen Weisen des Vergessens bleibt dies ein Verhalten, das wir vollziehen oder bei uns zulassen, sofern wir etwas vergessen und im Hinblick auf manches allzu vergeßlich sind. Aber es ist noch ein anderes Vergessen, bei dem nicht wir etwas vergessen, das vielmehr uns vergißt, so daß wir die Vergessenen sind — vom Geschick und also kein Schicksal mehr empfangen, sondern nur auf der feigen Flucht vor dem eigenen Wesensursprung im Geschehen umhertreiben. Das *tapfer Vergessen* dagegen hat seine Auszeichnung aus der verborgenen Liebe, die den Ursprung liebt. Zur Tapferkeit gehört ein Wissen von dem, worauf im Handeln und Ertragen alles zum voraus ankommt. Aus diesem Wissen eignet der Tapferkeit ein Adel im Unterschied zum bloßen »Mut« im Sinne der erregenden Leidenschaft eines Strebens. Tapferkeit ist der wissende Mut. In ihrem Wissen liegt der Grund der Ruhe, der Umsicht, der Beständigkeit, die den Tapferen auszeichnen. Das *tapfer Vergessen* ist der wissende Mut zum Erfahren des Fremden um der künftigen Aneignung des Eigenen willen. Inzwischen hat die Tapferkeit des dichtenden Geistes die lange Ausfahrt in die Fremde erfahren. Der Geist ist heimgekommen, weil er Kolonie liebte.

Unsere Blumen erfreun und die Schatten unserer Wälder / Den Verschmachteten. Der dichtende Geist, an dessen Vermögen im Beginn die sich noch verschließende Heimat zehrt, ist jetzt in der Fremde unter dem Feuer des Himmels verschmachtet. Das Feuer hat ihn erfahren lassen, daß es selbst aus der Fremde in die Heimat zurückgebracht werden muß, damit dort das Eigene, das Vermögen der klaren Darstellung, im Bezug auf das Feuer seine Wesenskräfte löse, um sie in das Darzustellende zu binden. In der Befreiung des Eigenen öffnet sich die Heimat und weist in ihr Eigentum, damit es angeeignet werde. Jetzt schenken *unsere* Blumen und *unsere* Wälder die Freude, deren Wesen es ist, das Wahre zu behüten und es in solcher Hut dem freien Gebrauch anheimzugeben. Die einheimischen Schatten bringen die milde Kühle, den Schutz vor der Glut des fremden Feuers. Die einheimischen Blumen bringen das sanfte Leuchten, den Schutz vor der Helle des fremden Feuers. In die Rückkehr zu der sich öffnenden Heimat geborgen, erkennt der Dichter, daß er ohne die Nähe zu seinem Ursprung dort in der Fremde *fast verbrannt* wäre. Aber diese Erkenntnis schwingt zugleich in dem Wissen, daß ohne das erfahrene Feuer ihm auch die Klarheit

»*Andenken*« 95

des Darstellens nicht als das Eigene der milden Kühlung und des sanften Leuchtens zu eigen geworden wäre. Der dichtende Geist, der das menschliche Wohnen als ein dichterisches gründen soll, muß selbst zuvor dichtend im Gesetz seines Wesens heimisch werden. Dieses Gesetz des Dichtertums der künftigen Dichter ist das Grundgesetz der durch sie zu gründenden Geschichte. Die Geschichtlichkeit der Geschichte hat ihr Wesen in der Rückkehr zum Eigenen, welche Rückkehr erst sein kann als Ausfahrt in das Fremde. Deshalb müssen die Dichter zuvor *Schiffer* sein, deren Fahrt in der Gunst des Nordost die rechte Richtung hält nach dem Land des himmlischen Feuers.
Das Wort *Der Nordost wehet* ist die Begrüßung des Kommens des Windes, der kommt, indem er »geht« und gleichwohl im »Gehen« erst auch bleibt. Aber soll der Nordost denn bleiben?

Geh aber nun und grüße
Die schöne Garonne,

Geh aber nun — Bittet der Dichter den Nordost, kaum daß er weht, auch schon wegzugehen und eine Windstille zurückzulassen? Oder sagt das *Geh ... nun* eher doch: zögere jetzt nicht länger in deinem Wehen und wehe jetzt mir, der dein Kommen begrüßt und so deine Zeit, die es jetzt ist, anerkannt hat. Weshalb jedoch das *aber?* Weil der Dichter selbst jetzt zurückbleibt und als der Zurückbleibende dichtet. *Geh aber nun* weist in die Richtung des »südlichen Frankreichs«, nennt aber als Wort des Bleibenden mittelbar den Ort, von dem aus der Dichter das Wort *Der Nordost wehet* sagt. Gesetzt, daß dieses Wort das ganze Gedicht durchweht, dann sind in dem *Geh aber nun* Ortschaft und Zeitraum dieser Dichtung bestimmt. Der zurückbleibende Dichter gehört nicht mehr zu den ausfahrenden Schiffern. Ist er der Wanderung müde? Oder ist er durch die bestandene *gute Fahrt* in die Fremde *waker* zur *Heimkunft* und für das Bleiben im Heimischen stark genug geworden? Das Bleiben ist in Wahrheit nicht das Übrigbleiben eines Verlassenen, auch nicht das ratlose Verharren eines Unerfahrenen, sondern das Zurückkehren des *Fernangekommenen*, der *das Schikliche gesucht* hat (›Der Ister‹, IV, 220) und so erfahrener geworden ist. Die eine Bedingung des Heimischwerdens im Eigenen, die Ausfahrt in die Fremde, ist erfüllt. Aber die Erfüllung bleibt nur Erfüllung, wenn das Erfahrene (die Helle und die Glut des himmlischen Feuers) bewahrt wird, damit der Dichter im Darstellen dieses Erfahrenen den freien Gebrauch des Eigenen lerne. Das angekommene Zurückbleiben muß als Rückkehr stets zurückdenken und *an* das himmlische Feuer *denken*. Solches *Andenken* kann jedoch nicht die bloße Vergegenwärtigung eines Vergangenen sein. Das »himmlische Feuer« muß, soll es alle Darstellung erst ihr Gefüge finden lassen, ständig noch wesen. Das Denken an das »Gewesene«, d. h. an das zu seiner Wesung Gekommene, ist ein *Andenken* eigener Art.

Geh aber nun und grüße — — Das Andenken ist ein Grüßen. Der Zurückbleibende bedarf des Nordost zwar nicht mehr zur Ausfahrt in die Fremde und bedarf dieses Windes dennoch. Der Nordost wird zum Boten des Grußes. Vom vernutzten, leeren Grüßen des gedankenlosen Verkehrs bis zum Seltenen des echten Grußes und gar bis zum Einzigen dieses dichtenden Grußes treffen wir viele Stufen. Im Grüßen nennt der Grüßende zwar sich selbst, aber nur, um zu sagen, daß er für sich nichts will, sondern alles dem Gegrüßten zuwendet, was diesem gebührt. Der echte Gruß anerkennt das Gegrüßte in seinem Eigenen und fügt sich doch in die Zugehörigkeit zu seinem verschiedenen und also entfernten Willen. Der Gruß entfaltet die Ferne zwischen dem Gegrüßten und dem Grüßenden, damit in solcher Ferne eine Nähe sich gründe, die der Anbiederung nicht bedarf. Der echte Gruß schenkt dem Gegrüßten den Anklang seines Wesens. Der echte Gruß läßt zuweilen das Gegrüßte im eigenen Wesenslicht erstrahlen, so daß es die falsche Selbstigkeit verliert. Der echte Gruß bringt das vermeintlich »Unwirkliche« in den Vorrang gegenüber dem bloß »Wirklichen«. Das reine und zugleich einfache Grüßen ist dichterisch. Sein *Denken an* das Ge-

»Andenken«

grüßte läßt dieses ursprünglich in den Adel seines Wesens einkehren, damit es als das Gegrüßte fortan im Gruß seine Wesensstätte habe. Das Gegrüßte grüßt jetzt als das Gegrüßte den Grüßenden wieder, ohne selbst noch eines Boten zu bedürfen. Das Grüßen ist ein *An-denken,* dessen geheimnisvolle Strenge das Gegrüßte und den Grüßenden in die Ferne ihres eigenen Wesens zurückbirgt. Der Gruß will nichts für sich und empfängt dadurch gerade alles, was dem Grüßenden zur Einkehr in sein eigenes Wesen verhilft. Das Grüßenlassen ist die zurückbleibende Rückkehr ins Eigene.

und grüße / Die schöne Garonne, — Zuerst läßt der Dichter den Strom grüßen. Der Stromgeist ist der dichterische Geist. Im Denken an den Strom denkt der Dichter Jene, die zwischen den Göttern und Menschen die »Zeichen«, d. h. die Zeigenden sind. Im Dichten des Stromwesens des Rheins sagt Hölderlin, nachdem er zuvor schon das Sichwälzen des Stromes im lichtlosen Quellgrund *das Rasen des Halbgotts* genannt hat (›Der Rhein‹ IV, 173), am Beginn der zehnten Strophe: *Halbgötter denk' ich jezt.* Daher muß der Dichter auch in demselben *jetzt,* da er in der Ortschaft seines Wesens grüßend zurückbleibt, zuerst an den Strom denken. Die Garonne ist unter den vielerlei Dingen der fremden Landschaft nicht zufällig das Erste einer Aufzählung. Sie ist die »schöne«, d. h. nach der Isterhymne die »schön wohnende«. Der Stromgeist, der das Land *urbar* und wohnbar macht, ist das, was dem Range nach zuerst gegrüßt sein muß, weil von ihm aus das gegrüßte Land in seiner Schönheit sich zeigt, d. h. in seinem »Sein« erscheint:

grüße
Die schöne Garonne,
Und die Gärten von Bourdeaux
Dort, wo am scharfen Ufer
Hingehet der Steg und in den Strom
Tief fällt der Bach, darüber aber
Hinschauet ein edel Paar
Von Eichen und Silberpappeln;

Wer möchte hier in ein umständliches und jederzeit dürftiges Reden verfallen? Wer möchte das einfach Gesagte durch zudringliche Umschreibungen verunstalten? Das im dichtenden Gruß zum Anblick rein Erstehende bedarf für sich selbst nicht unserer Rede. Wir dagegen bedürfen einiger Bemerkungen, damit wir merken, wie das Genannte als das Gegrüßte erscheint, das den grüßenden Dichter wiedergrüßt, damit er in der Einkehr in seinen Dichterberuf bleiben mag. Das Gesagte darf nicht in eine poetische Landschaftsschilderung verschweben. Das Gedichtete ist vom zuerst gegrüßten Stromgeist her um den Strom gefügt.

Und die Gärten von Bourdeaux / Dort, wo am scharfen Ufer — Die Stadt und ihre Gärten sind nicht auch neben dem Strom genannt, sondern dieser erscheint als der urbarmachende Geist in den an seinem Ufer grünenden Gärten, zwischen denen die Stadt gebaut liegt. Das Ufer ist *scharf*. Der Strom fließt seine entschiedene Bahn, weil er seiner Bestimmung gewiß ist. Am Ufer

Hingehet der Steg — — nicht »ein« Steg, sondern *der* schmale unscheinbare Pfad, der nahe bleibt entlang dem *scharfen Ufer* und aus solcher Nähe mitgeht mit dem Strömen des Stromgeistes. Der Steg ist als der Pfad der Menschen an den Geist des Dichters gewiesen, wenn anders das menschliche Wohnen im Urbaren der Erde ein *dichterisches* sein muß.

und in den Strom / Tief fällt der Bach — — ein geringes und flaches Wasser, dessen Grund oft in dem überspülten Gestein noch zum Vorschein kommt, muß von oben herab aus den Bergen der verborgenen Tiefe des breiten Stromes zueilen und durch ihn erst der Bestimmung im Meer zugetragen werden, über das die Fahrt in die »Kolonie« die Schiffer führt.

darüber aber / Hinschauet — über dem Strom und den Gärten, über der Stadt und dem Steg und dem Bach und doch wieder überall vom Strom und seinem Ufer her bestimmt ist ein Hinschauen, ein sich öffnender Blick, um den das Offene sich sammelt. Diese Blickenden und alles Offenhaltenden sind *ein edel Paar / Von Eichen und Silberpappeln;* ungleich sind sie: der harte, breitausladende dunkle und der schlankragende zitterndscheue lichte Baum. Doch sie gehören zusammen in dem einen Offenen ihres Adels, der weiß, was Würde ist und deshalb allein durch seinen offenen Blick den Strom und alles, was in dessen Schönheit wohnet, zu würdigen vermag. Das offene Hinschauen dieses *edlen Paars* hegt das Wesen und den Beruf des Stromgeistes. Im Schweigen dieses Grußes, der das »edle Paar« der Bäume am hohen Ufer des Stromes grüßt, denkt der Dichter an den unvergänglichen Abschied, der zum Anfang seines Dichtertums geworden.

Noch denket das mir wohl

Der Gruß behält das Gegrüßte gut im Andenken. Noch ist es nicht vergessen. Auch kann es nicht vergessen werden. Denn das Gegrüßte denkt sich selbst dem Grüßenden zu. So ist der Gruß überhaupt nicht sein eigen Werk. Kann der Grüßende gar nur deshalb grüßen, weil er selbst der Gegrüßte ist, der auf sein geschichtliches Wesen Angesprochene und in seiner dichterischen Bestimmung Anerkannte? Nicht er, der Dichter, denkt sich das Gegrüßte zu, sondern *das* Gegrüßte *denket* sich ihm, dem Grüßenden, zu. *Der Nordost* ist nie nur der Bote, durch den der Dichter grüßen läßt. Der Nordost ist das allem zuvor Begrüßte, weil dieser Wind durch sein Wehen dem Dichter die Ortschaft und den Zeitraum seines Dichtertums so aufheitert, daß er zumal *an* das Gewesene und *an* das Kommende, wenn nicht gar das Gewesene als das Kommende *denken* muß. *Noch denket das mir wohl* ist ein Zwischenwort. Es scheint das Grüßen und das Verweilen beim Gegrüßten zu unterbrechen. In Wahrheit aber bindet es das gegrüßte Gewesene in das grüßende Kommende; denn im Lernen des eigenen Dichterberufes ist ein Kommendes, das auch das Heimische erst zu einem Kommenden werden läßt. Das Zwischenwort, überleitend von der ersten zur zweiten

Strophe, ist wie ein Atemholen zum höchsten Begegnenlassen dessen, was der grüßende Nordost dem Dichter zuweht. Zwar »geht« dieser Wind vom Dichter fort. Aber das ist eines der Geheimnisse des *An-denkens*, daß es zum Gewesenen hindenkt, daß dieses Gewesene selbst jedoch im Hindenken zu ihm auf den Hindenkenden in der Gegenrichtung zurückkommt. Dies freilich nicht, um jetzt als eine Art von Gegenwärtigem in der Gegenwart einer bloßen Vergegenwärtigung stehen zu bleiben. Wenn das Denken an das Gewesene diesem sein Wesen läßt und sein Walten durch eine übereilte Verrechnung auf eine Gegenwart nicht stört, dann erfahren wir, daß das Gewesene bei seiner Rückkunft im *Andenken* über unsere Gegenwart sich hinausschwingt und als ein Zukünftiges auf uns zukommt. Plötzlich muß das Andenken das Gewesene als ein Nochnicht-Entfaltetes denken. Das Grüßen wird dessen inne, daß es das, was sich ihm zudenkt, grüßend wohl bedenken muß: das schon Gegrüßte

> und wie
> Die breiten Gipfel neiget
> Der Ulmwald, über die Mühl',
> Im Hofe aber wächset ein Feigenbaum.

An die *Mühle* und den *Hof* ist gedacht. Das Tagwerk und die Wohnstatt des ländlichen Menschen sind gegrüßt. Warum aber die Mühle? Gehört ihr eine Vorliebe des Dichters? Der heimgekehrte Wanderer grüßt in der Elegie ›Der Wanderer‹ (IV, 104) gerade sie:

> Fern rauscht die immer geschäftige Mühle,

Die gegrüßte Mühle in der Fremde hat noch das Mahnen an die Heimat behalten. Aber ist es nur der ruhelose Fleiß ihres Ganges, was der Dichter vernimmt, ist es nicht auch das, womit die *immer geschäftige* beschäftigt ist? Die Mühle bereitet das Korn (»die Frucht«) und dient der Bereitung des Brotes. Um des Brotes willen denkt der Dichter, der *die Himmlischen* denken muß, an diese Werkstatt menschlicher Sorge (›Brod und Wein‹, IV, 124):

»*Andenken*«

Brod ist der Erde Frucht, doch ists vom Lichte geseegnet,

Die Werkstatt, der die gesegnete *Frucht* anvertraut ist, muß selbst vor dem allzu scharfen Licht und dem reißenden Sturm behütet bleiben. Der Ulmenwald schützt. In einem späten Bruchstück (n. 10, IV, 244) und auch sonst nennt der Dichter die *säuselnde Ulme*, in deren Schatten der Schutz gewährt ist vor dem Übermaß des Feuers. Auch das unscheinbarste Wort und jedes »Bild«, das nur zur »poetischen« Ausschmückung gebildet zu sein scheint, ist ein grüßendes Wort. Es spricht *andenkend* und denkt gewesenes Fremdes und kommendes Heimisches in sein ursprüngliches Zusammengehören zurück.

Im Hofe aber wächset ein Feigenbaum. Das *aber* klingt übertrieben, denn es setzt da einen Gegensatz, wo wir kaum dergleichen suchen. Wie sollten sich nicht *Mühle* und *Ulmwald, Hof* und *Feigenbaum* einträchtig zusammenfinden? Dieselbe Elegie ›Der Wanderer‹ nennt fast im gleichen Anblick den *Hof:*

... wo der Hain das offene Hofthor
Übergrünt ...

Aber im grüßenden Andenken grüßt das südliche Land. Das *aber* lenkt das Andenken über den *Feigenbaum* auf das Feuer des südlichen Himmels. Die folgenden Verse gehorchen auch rein dieser Weisung. Sie bedürfen nicht mehr der Abhängigkeit von dem die Strophe einleitenden Zwischenwort. Das Grüßen gehört jetzt, da der Gruß sich vollenden muß, ganz dem Gegrüßten. Dieses erscheint zuletzt in dem, was dem zuerst gegrüßten dichterischen Stromgeist eigens zugehört.

An Feiertagen gehn
Die braunen Frauen daselbst
Auf seidnen Boden,
Zur Märzenzeit,
Wenn gleich ist Nacht und Tag,
Und über langsamen Stegen,
Von goldenen Träumen schwer,
Einwiegende Lüfte ziehen.

In einem einzigen, geheimnisvoll gespannten Bogenschwung fügen sich die Verse in das eine Denken an das Eine, zu dem der Gruß hindenkt. *An Feiertagen* — Unvorbereitet durch das vorher Gesagte, wie aus bloßem Zufall fällt die Nennung der *Feiertage* ein. Warum denkt der Dichter jetzt, zu einer Zeit, da sein Dichten für kein Wort mehr eine Zufälligkeit und eine Aushilfe duldet, an *Feiertage?* Nennt er diese, weil er an *die braunen Frauen daselbst* denkt? Die Frauen erscheinen an Feiertagen in geschmückter Schönheit. Doch warum denkt der Dichter an die Frauen? Dies bedarf wohl bei einer so »poetischen« Strophe kaum noch einer Begründung. Allein auch hier ist keine »stimmungsvolle« Beschreibung von »Land und Leuten«, keine »Poeterey«, sondern Dichtung. Hölderlin erwähnt nicht die Feiertage, weil er die Frauen denkt, sondern er nennt *die braunen Frauen daselbst,* weil er des Feiertags eingedenk bleibt. Warum aber dieses?

Feiertage sind Tage der Feier. Zunächst bedeutet »feiern« das Aussetzen mit dem alltäglichen Tun, das Ruhenlassen der Arbeit. Deshalb kann es dahin kommen, daß die Feiertage, weil sie nur noch auf die Arbeitstage bezogen sind, lediglich als die Unterbrechung der Arbeitszeit gelten. Sie sind dann eine Abwechslung im Arbeitsgang und schließlich eine eigens angesetzte arbeitsdienliche Pause. Aber die Feier, streng genommen, ist anderes denn nur die Leere einer Unterbrechung. Im bloßen Aussetzen mit der Arbeit kann schon das An-sich-halten bestimmend sein. Darin kommen wir zu uns selbst. Nicht als würden wir selbstsüchtig auf unser »Ich« zurückgebogen. Das An-sich-halten versetzt eher hinaus in einen kaum erfahrenen Bereich, aus dem her unser Wesen bestimmt wird. Aus solcher Versetzung beginnt das Erstaunen oder auch das Erschrecken oder auch die Scheu. Jedesmal hebt eine Besinnung an. Um den Menschen wird es offen. Aber das Wirkliche, in das uns der Alltag gewöhnt hat, vermag das Offene nicht offen zu halten. Nur das Ungewöhnliche kann das Offene lichten, sofern das Ungewöhnliche sein verborgenes Maß in der Seltenheit des Einfachen hat, worin sich

» *Andenken* «

die Wirklichkeit des gewohnten Wirklichen verbirgt. Das Ungewöhnliche läßt sich im Gewöhnlichen unmittelbar nicht antreffen und aufgreifen. Das Ungewöhnliche öffnet sich und öffnet das Offene nur im Dichten (oder abgründig davon verschieden und zu seiner Zeit im »Denken«). Feiern ist ein Freiwerden für das Ungewöhnliche des Tages, der, im Unterschied zur glanzlosen Trübe des Alltags, der lichte ist. Das Feiern, das sich nur im Aufhören der Arbeit erschöpft, hat von sich aus nichts, was es feiern könnte und ist daher nicht wesenhaft eine Feier. Diese wird allein durch das bestimmt, was sie feiert. Das ist das Fest. Woher kommt das Fest? Was ist diesem Dichter, der *an die Feiertage denkt*, das Fest? Das Fest im dichterischen Sinne dieses Dichters ist *das Brautfest der Menschen und Götter*. Die dreizehnte Strophe der Rheinhymne sagt (IV, 178):

Dann feiern das Brautfest Menschen und Götter

Hölderlins Wort *das Fest* hat eine hohe und zugleich einfache Bedeutung. *Das Brautfest* ist das Begegnen jener Menschen und Götter, dem die Geburt derjenigen entstammt, die zwischen den Menschen und den Göttern stehen und dieses »Zwischen« ausstehen. Das sind die *Halbgötter*, die Ströme, die *zum Zeichen sein müssen* (›Der Ister‹). Diese Zeigenden sind die Dichter. Der Tag des *Brautfestes*, *der Brauttag*, bestimmt den Geburtstag des Dichters, d. h. das Tagen, in dessen Licht das Offene sich lichtet, so daß der Dichter das kommen sieht, was sein Wort sagen muß: *das Heilige*. Deshalb beginnt die erste Hymne dieses Dichters, der rufen darf:

Jezt aber tagts!...
das Heilige sei mein Wort.

mit dem Vers:

Wie wenn am Feiertage....

Nach der Regel scheint dieser Beginn einen Vergleich einzuleiten. Doch ist hier anderes gedacht. Der *Feiertag* bleibt unmittelbar auf die Geburt des Halbgottes und ihr gemäß auf das *Braut-*

fest bezogen. Bangnis freilich und Erschrecken erfüllen den Halbgott, da er den Zwischenraum zwischen den Menschen und den Göttern als der Zeigende auseinander- und also innehalten muß. Das Fest stimmt bei seiner Notwendigkeit in eine verborgene Not. Deshalb sagt der Hymnenentwurf ›Mnemosyne‹ (Andenken), dem auch die Überschrift *Das Zeichen* zugedacht war, dieses (IV, 225, 369):

> Schön ist
> Der Brauttag, bange sind wir aber
> Der Ehre wegen.

Wir sind die, von denen zuvor gesagt ist:

> Ein Zeichen sind wir,

Allzu leicht könnte der Halbgott, über die Menschen hinausgerückt, das *Ungleiche* zu den Göttern *nicht dulden* wollen (›Der Rhein‹, achte Strophe, IV, 175 f.) und so zugleich im Maß des Menschenwesens sich vermessen. Zu leicht kann den solchem Fest entstammten Halbgott *Eines zu gierig nehmen* (›Mnemosyne‹, IV, 225). Dadurch kann sein eigenes Wesen, fortgerissen an das Eine (das Gottwesen oder das Menschenwesen), in die Entzweiung fallen und in den *Zweifel* geworfen werden.

> Zweifellos
> Ist aber der Höchste.

Der Höchste ist am nächsten dem, was *das Höchste ist*. Das aber ist *das Heilige*, das Gesetz, das in anderer Weise setzt als menschliches Gesetz. Von diesem her gesehen, darf die Weise, wie das Heilige vor allen *Sazungen* setzt, weil sie das Schicken des Schicksals ist, *kaum* ein Gesetz heißen. Durch die entzweiende Gier in Eines wird aber das Zwischen, das der Halbgott innehalten soll, verstört. Das Offene dieses Zwischen verschließt sich. Durch solche Verschlossenheit wird unzugänglich, was *über den Menschen und Göttern* als das Höchste ihr Zwischen erst aufgehen läßt und sie in dieses schickt und innerhalb seiner sie einander zuschickt. Dieses vom Heiligen zuerst Geschickte ist das

Fest. Das Festliche des Festes hat seinen Bestimmungsgrund im H e i l i g e n. Das Heilige läßt das Fest das Brautfest sein, das es ist. Solches Wesenlassen eines Wesenden in seinem Wesen ist das ursprüngliche Grüßen. Das Fest ist das Ereignis des Grußes, in dem *das Heilige* grüßt und grüßend erscheint. Durch die im Brautfest also Gegrüßten ist der ihm entstammende Halbgott der eigentlich Gegrüßte. Das Festliche des Brautfestes stimmt nur dann zur Feier, wenn das Wesen des Halbgottes, der dem *Brauttag* entstammt, rein in seiner Bestimmung schwingt. Das Wesen des Halbgottes ist jedoch, das *Ungleiche* zu den Göttern und den Menschen innezuhalten. Dieser Ungleiche zu sein, nach dem Himmel und nach der Erde zu, fordert das ihm zugeschickte Wesen. Es zu wahren ist das Schickliche. Das Schicksal findet daher dann und nur dann seinen Ausgleich, wenn das Ungleiche als das Ungleiche west. Hier ist der Ausgleich kein Gleichmachen in das Unterschiedlose, sondern das gleiche Waltenlassen des Unterschiedenen in seinem Unterschied. Der Ausgleich ist nicht das Auslöschen der Unterschiedenen, sondern ihre, der Götter und der Menschen, Rückkehr in das eigene Wesen. In solcher Rückkehr gründet das Bleiben des Ungleichen. Wann dieses bleibt, dann allein ist die Weile, in der das Schicksal rein verweilen kann (›Der Rhein‹, dreizehnte Strophe, IV, 178):

> Dann feiern das Brautfest Menschen und Götter
> Es feiern die Lebenden all,
> Und ausgeglichen
> Ist eine Weile das Schiksaal.

Die Weile des verweilenden Schicksals ist das Maß des eigentlichen Bleibens. Die Weile erscheint einem Denken, das auf eine festlose Bestandsicherung des Wirklichen rechnet und dessen Wirklichkeit nur nach seiner Dauer bemißt, stets nur als eine »bloße« Weile. Die Weile wird als das Zeitweilige gerechnet und dem Fortwährenden hintangesetzt. Aber die Weile des ausgeglichenen Schicksals ist die Zeit des Festes. Ihr Verweilen hat eigene Art. Das gewöhnliche Dauern suchen wir im bloßen Fortgang des Und-so-weiter. Wenn dieser gar noch auf Anfang und Ende verzichten kann, erhebt sich die anfang- und endlose Dauer zum Schein des reinsten Bleibens. Was jedoch im Gesichtsfeld der Rechnung kurz dauert, kann dennoch alles Und-soweiter des bloßen Andauerns überdauern in der Weise der ins Wesen der Schickung zurückkehrenden Weile. Die Einzigkeit dieser Weile bedarf nicht der Wiederkehr, weil sie als gewesene jeder »Wiederholung« abhold ist. Die Weile des Einzigen ist aber auch nicht überholbar, weil sie dem Kommenden entgegenweilt, so daß alles Kommende in der Weile der Einzigkeit des Gewesenen seine Ankunft hat. Die Weile ist weder endlich noch unendlich. Sie weilt v o r diesen Maßen. Diese Weile birgt die Ruhe, in der alle Schickung des Schicksals einbehalten ist. Zu solcher Weile, sie erst zu ihrem Wesen segnend, kommt das Heilige (IV, 354):

> Dann kommt das Brautlied des Himmels.

Aus der Ruhe dieser Weile entspringt erst alle Bewegung des bloßen Geschehens. Dagegen findet kein Geschehen von sich aus in diese Weile zurück. Das vom Heiligen zuerst geschickte Fest bleibt der Ursprung der Geschichte. Die Geschichte ist »das Geschicht«, wie das Gebirg für die Berge, der ursprünglich einigende und bestimmende Grundzug der Geschicke des Schicksals. Wenn aber das Fest der Wesensursprung der Geschichte eines Menschentums ist, und wenn der Dichter dem Fest entstammt, dann wird der Dichter zum Gründer der Geschichte eines Menschentums. Er bereitet das *Dichterische,* darauf als seinem Grunde das geschichtliche Menschentum wohnt. Das Fest des Brauttages ist der verborgene Geburtstag »der« Geschichte, d. h. hier der Geschichte der Deutschen. Deshalb fügt sich die Geschichte der *Könige und der Völker* nach dem Gesetz des Festlichen der *Feiertage Germaniens* und nur nach diesen Feiertagen (›Germanien‹, Schlußstrophe, IV, 184 f.). Der Dichter, im Wehen des Nordost stehend, ist der Gegrüßte des Grußes des Heiligen. Deshalb muß er den Wind begrüßen, der ihn seiner

»Andenken« 107

Wesensbestimmung aussetzt. Deshalb läßt der Dichter durch diesen Wind das Gewesene grüßen. Er denkt an das Gewesene im Denken an das Kommende. Dies ist das Heilige, das ankommend das Festliche des Festes bereitet. Der Gruß, der das Gewesene in seinem Wesen grüßen läßt, muß daher an das gewesene Fest denken. Deshalb denkt der Dichter an die Feiertage. Sie sind die Vortage des Festes. Im Nennen der Feiertage wird das Brautfest in der Weise des Verschweigens und so in der höchsten Scheu genannt.
Weil aber das Fest das Brautfest ist, gedenkt der Dichter aus dem Denken an das Fest der Frauen.

> An Feiertagen gehn
> Die braunen Frauen daselbst
> Auf seidnen Boden,

Die Frauen — Dieser Name hat hier noch den frühen Klang, der die Herrin und Hüterin meint. Jetzt aber wird er in dem einzigen Bezug auf die Wesensgeburt des Dichters genannt. In einem Gedicht, das kurz vor der Hymnenzeit und im Übergang zu ihr entstanden ist, hat Hölderlin alles gesagt, was zu wissen ist (›Gesang des Deutschen‹, Elfte Strophe, IV, 130):

> Den deutschen Frauen danket! sie haben uns
> Der Götterbilder freundlichen Geist bewahrt,

Die dem Dichter selbst noch verhüllte dichterische Wahrheit dieser Verse bringt dann die Hymne ›Germanien‹ zum Leuchten. Die deutschen Frauen retten das Erscheinen der Götter, damit es das Ereignis der Geschichte bleibt, dessen Weile sich den Fängen der Zeitrechnung entzieht, die, wenn es hochkommt, »historische Situationen« feststellen kann. Die deutschen Frauen retten die Ankunft der Götter in die Milde eines freundlichen Lichtes. Sie nehmen diesem Ereignis die Furchtbarkeit, deren Schrecken zum Maßlosen verführt, sei es in der Versinnlichung des Götterwesens und seiner Stätten, sei es im Begreifen ihres Wesens. Die Bewahrung dieser Ankunft ist das stete Mitbereiten des Festes.

Im Gruß des ›Andenkens‹ sind jedoch nicht die deutschen Frauen genannt, sondern

die braunen Frauen daselbst. Dies erinnert an das südliche Land, wo das Element des *himmlischen Feuers* ein Übermaß an Helle verstrahlt und durch seine Glut die ihm Ausgesetzten *fast zu verbrennen* droht. Doch wie im Nennen der *Mühl'*, der *Ulme* und des *Hofes* ein Zurückdenken an das Fremde aus dem Vordenken in das Heimische spricht, so ist hier das Grüßen der braunen Frauen ein erfülltes Andenken. Um das Ferne bei seiner fernen Anwesung in der Nähe zu halten, sagt der Dichter dieses *daselbst,* das heutigem Ohr hart an die Kanzlei- und Geschäftssprache grenzt. Allein das Dichterische des Grüßens durchstimmt die Strophe so einfach, daß jeder Anklang an das »Prosaische« weggeschmolzen ist. Vor allem aber schreckt der Dichter um diese Zeit so wenig vor dem zunächst undichterischen und befremdlichen Wort zurück, daß er auf dieses sogar eigens hinhört. Er weiß, daß das Unsichtbare, je reiner es wesen soll, desto entschiedener vom nennenden Wort verlangt, in das befremdliche Bild auszuweichen. *Daselbst* gehn die Frauen

auf seidnen Boden, — Da der handschriftliche Text dieser Strophe fehlt, läßt sich nicht entscheiden, ob Hölderlin so geschrieben hat, wie der Text jetzt lautet, und ob, wenn er so geschrieben hat, nicht doch eine Verschreibung vorliegt. Man möchte lesen *auf seidnem Boden.* Aber vielleicht soll nicht nur der Untergrund des Gehens genannt sein. Der Dichter sieht schon die Stege, zu denen die Frauen hingehen, und über die hin sie schreiten und steigen. Doch dieser Vermutung bedarf es nicht, wenn wir beachten, daß im 18. Jahrhundert im Dativ singularis des Adjektivum n für m häufig vorkommt. Auf *seidnem* Boden gehen die Frauen. Der Boden ist dennoch nicht die gleichgültige Unterlage ihres Ganges. Dem Boden entsteigt das frühlingshaft Verhaltene in den Schritten der Schreitenden. Der Boden ist seiden. Er glänzt zart und still in der Kostbarkeit des verborgenen Reich-

»Andenken« 109

tums der kaum berührten Erde. Oder denkt gar der Dichter die Erde selbst, aus der und über die hin und in die zurück gehaucht ist jenes unbestimmte Zarte des ersten sprossenden Sichregens im Vorfrühling, wo alles zumal ist: verhüllendes Unbestimmtes und doch schon innig Entschiedenes? Die nächste Verszeile, aus zwei Worten nur bestehend, nimmt uns die Antwort auf solches Fragen ab:

Zur Märzenzeit,

Sie ist Übergangszeit. Der Übergang scheint nur zu vermitteln. Das Übergängliche scheint das eher Vergängliche zu sein, das nur Vorübergehende und nicht Verweilende. Doch die *Märzenzeit* hat nichts Eiliges und Gewaltsames. In einem verborgenen Innehalten bereitet sich die Versöhnung des Winters mit dem Sommer vor. Das Innehalten ist aber nicht Stillstand, sondern ein einziges Steigen und verhülltes Hervorkommen: die Versöhnung der Härte und Starre des Winters mit der Gelöstheit und Kraft des Sommers. Die Versöhnung gibt die Streitenden in das gleiche, d. h. je eigene Recht ihres Wesens frei. Solcher Übergang ist von der Art jenes Ausgleichs, dessen Wesen der Weile des verweilenden Schicksals entspricht. Solcher Übergang ist nicht das eilige Vorübergehen, sondern das in sich gehende Bleiben, aus dem das Eine und das Andere die Ruhe seines Wesens empfängt. Übergangszeit ist Vorbereitung des Festes. Märzenzeit ist Feiertagszeit.

Wenn gleich ist Nacht und Tag,

Sonst gebrauchen wir die Wortfolge Tag und Nacht. Wir berufen uns zuerst auf den Tag, als sei er das »Positive«. Ihm lassen wir die Nacht folgen als sein Verschwinden. Die Nacht ist ein Mangel an Tag. Für Hölderlin aber ist die dem Tag voraufgehende Nacht der bergende, obzwar noch unentschiedene Überfluß des Tages. Die Nacht ist die Mutter des Tages. Sofern im Tagen das Heilige kommt und die Gewähr der Ankunft der Götter geschenkt wird, ist die Nacht der Zeit-Raum der Gott-losigkeit. Dies Wort meint hier keineswegs das bloße Fehlen oder gar nur die nackte Abwesenheit der Götter. Die Zeit der Gott-losigkeit enthält das Unentschiedene des erst Sichentscheidenden. Die Nacht ist die Zeit der Bergung des *Vergangengöttlichen* und der Verbergung der kommenden Götter. Weil die Nacht in solchem bergend-verbergenden Nachten nicht nichts ist, hat sie auch ihre eigene weite *Klarheit* und das *Ruhige* der stillen Bereitung eines Kommenden. Dem gehört ein eigenes Wachen, das nicht als Schlaflosigkeit am Schlafen hängt, sondern die Nacht bewacht und behütet. Wohl kann die Länge dieser Nacht menschliches Vermögen zuweilen zu dem Wunsch drängen, in ein Schlafen wegzusinken. Aber die Nacht als die Mutter des Tages, der das Heilige bringt, ist *heilige Nacht* (IV, 213):

— — — und wenn in heiliger Nacht
Der Zukunft einer gedenkt und Sorge für
Die sorglosschlafenden trägt
Die frischaufblühenden Kinder,

Wenn aber die Nacht *gleich* ist dem Tag, dann ist sie bereit geworden, dem Tag den sie übersteigenden Aufgang zu lassen, ohne doch ihr Wesen aufzugeben. Jetzt ist die Zeit des Ausgleichs. Der aufgehende Tag ist feiertäglich auf die Feier des Brautfestes gestimmt. Die Frauen gehen ihre Pfade, wenn Nacht und Tag im Ausgleich sind

Und über langsamen Stegen,
Von goldenen Träumen schwer,
Einwiegende Lüfte ziehen.

Und über langsamen Stegen — Schon die erste Strophe nennt den Steg, der am Strom hingeht, weil der Pfad der Menschen auf dieser Erde an das Dichterische sich halten muß. Jetzt werden die Stege noch einmal genannt. Sind sie die Pfade der gehenden Frauen, die feiertäglich die Feier des Festes bereiten? Die Stege sind *langsam*. Ihnen gebührt das sinnende, ahnende Schreiten, das verweilen kann und mit der Weile vertraut ist.

Die langsamen Stege sind die Pfade der Weile, in der das Schicksal ausgeglichen ist: festliche Steige, die sich an den dichterischen Stromgeist halten müssen. Und wenn wir bei den *Stegen* nicht nur an das Schreiten und Steigen, sondern auch an das Überschreiten und das Übersteigen denken dürfen, dann nennen die Stege den Übergang für das *Hinüberkommen auf die andere Seite. Nicht ohne Schwingen mag* ... *einer* von der Seite des Fremden auf die Seite des Heimischen *kommen* (›Der Ister‹, IV, 220). Unscheinbare Brücken sind die Stege, schmal und für Wenige, oft schwankend und im Anschein dürftig. Aber so ist auch das Hinübergehen des Dichters und alles, was ihm zugehört. Doch was helfen die Schwingen ohne die Lüfte? Darum sind die langsamen Stege gesegnet, so daß über ihnen

Einwiegende Lüfte ziehen. — Die zweite Strophe, in der sich der Gruß des grüßenden Nordost vollendet, endet mit dem Grüßen solcher Lüfte. Der heimische grüßende Wind findet zu den fremden gegrüßten. Die Stege sind die unscheinbaren Gänge und Pfade des Übergangs. Sie selbst sind kein leerer Ort ohne »Atmosphäre«. Sie sind beschenkt und überzogen von ziehenden Lüften, die einwiegen. Wohinein? Einwiegen, das ist Wegheben in die süße Betäubung des Schlummers, ist Forttragen in die schwebende Trunkenheit des Vergessens. Sind *einwiegende Lüfte* dergestalt die festliche Luft über den feiertäglichen Stegen? Die Trunkenheit gehört zum Fest. Doch ist sie dann die bloße Betrunkenheit des blinden Rausches? *Einwiegende Lüfte* können nicht die Raserei der wilden Entrückung bringen. Und dennoch — das Einwiegen verwahrt in der Wiege. Sie gehört zur Geburt. Die Wiege ist bezogen auf das, was dem Brautfest den Ursprung verdankt. Die einwiegenden Lüfte müssen den Wesensursprung des Halbgottes, d. h. des Dichters, wesentlich mitbestimmen. Deshalb sind sie auch das im Gruß zuletzt und zuhöchst Gegrüßte. In welcher Weise die Lüfte einwiegen und warum sie einwiegende sind, erhellt aus ihrer einzigen Art. Sie sind:

Von goldenen Träumen schwer, — Träume sind uns oft bloße Träume und dann »Schäume«. Ihr bestandlos Flüchtiges und fast Beliebiges fällt unverbunden und unbestimmt ein in das Feste und Bestehende, das uns das Wirkliche der wachen Erfahrung heißt. Wir halten die Träume für das nur geträumte Unwirkliche. Das Traumhafte ist am Wirklichen gemessen, gleich als wüßte man aus einer fraglosen Gewißheit, was das Wirkliche sei. Zwar erklären wir das Wirkliche als das Gewirkte und selbst wieder Wirkende. Doch was ist das Wirken und was ist Wirkung? Sind Wirkungen nur dort, wo sich Ergebnisse und Erfolge verzeichnen lassen? Oder gibt es auch Wirkungen, die des Erfolges nicht bedürfen? Ist denn nur das Wirkliche seiend, das Unwirkliche aber unseiend und nichtig? Wo verläuft die Grenze zwischen dem Wirklichen und dem Unwirklichen? Sind überhaupt beide durch eine Grenzscheide in verschiedene Bezirke verteilt? Oder haust schon im Wirklichen das Unwirkliche? Wie steht es mit der Wirklichkeit des Wirklichen? Was wäre alles Wirkliche, wenn es nicht als Wirkliches in der Wirklichkeit weste? Wenn aber die Wirklichkeit selbst nicht mehr ein Wirkliches ist, hat sie sich dann in das vermeintliche Nichtige des gefürchteten »Abstrakten« aufgelöst? Oder ist dieses »Abstrakte«, dessen Schmähung zunächst nur das Unwirkliche »der Wirklichkeit« bestätigt, die hilflose Mißdeutung des Unwirklichen auf dem Grunde einer verblendeten Verlorenheit an das Wirkliche? Wenn aber jedes Wirkliche nur ist, sofern es in der Wirklichkeit west, hängt dann nicht alles Wirkliche im Unwirklichen, aber gleichwohl niemals Nichtigen? So kann dann das Unwirkliche vor dem Wirklichen sogar einen Vorrang haben. Dann müssen wir wenigstens bedenken, ob nicht die Träume als das Unwirkliche ein Maß für das Wirkliche sein können. Dann dürften wir sie selbst nicht mehr nach dem »Wirklichen« und nach dem, was man geradehin dafür hält, verrechnen. Vielleicht aber ist nicht jedes Unwirkliche aller Träume ein Maß des Wirklichen. Vielleicht gilt dies nur von den Träumen, die der Dichter hier im Bereich der Geburt des Wesens des Dichters

»*Andenken*« 113

und der Dichtkunst nennt, sofern der Dichter als Halbgott *der Götter und Menschen Werk*, d. h. die *Frucht* des Brautfestes ist (*Wie wenn am Feiertage* ... IV, 152). Vielleicht gilt dies nur von den *goldenen Träumen*. Ihre Unwirklichkeit muß nach dem Sinn des Dichters gedacht werden. Nun ist aber das Unwirkliche schon deshalb nie das bloß Nichtige, weil es entweder das Nichtmehr-Wirkliche oder das Nochnicht-Wirkliche sein kann. Das Unwirkliche enthält dies Entweder-Oder und verbirgt überdies meist die Unentschiedenheit desselben. Gesetzt aber, das Unwirkliche sei das Noch-nicht-Wirkliche, dann west es *zwischen* der Unwirklichkeit und der Wirklichkeit. Setzen wir einmal im Sinne der Metaphysik die Wirklichkeit gleich mit dem wahrhaften Sein, dann west das Nochnicht-Wirkliche, was auch das bereite Mögliche heißen kann, als der Zustand zwischen Nichtsein und Sein. In die Zeit, da sich Hölderlins Hymnendichtung vorbereitet, fällt eine Abhandlung des Dichters, die überschrieben ist ›Das Werden im Vergehen‹ (III, 309 bis 316). Dort steht der Satz:

⟨im⟩ Zustande zwischen Seyn und Nichtseyn wird aber überall das Mögliche real, und das wirkliche ideal, und diß ist in der freien Kunstnachahmung ein furchtbarer aber göttlicher Traum.

Das Realwerden des Möglichen als Idealwerden des Wirklichen zeigt im Bereich des freien Bildens der Dichtung die Wesensart eines Traumes. Dieser Traum ist furchtbar, weil er die, denen er sich zeigt, aus dem sorglosen Aufenthalt beim vertrauten Wirklichen heraus- und hineinwirft in den Schrecken des Unwirklichen. Aber dieser furchtbare Traum ist ein göttlicher, weil das in die Wirklichkeit ankommende Mögliche bei seiner Ankunft durch das Kommen des Heiligen geheiligt ist. Dieser ausgezeichnete Traum läßt das Mögliche seiender und das bisher für seiend und wirklich Gehaltene unseiender werden. Dieser Traum zeigt sich dem Dichter, weil der Traum als dieses furchtbargöttliche Unwirkliche das unvordichtbare Gedicht des Heiligen ist. Dieses Gedicht müssen die Dichter sagen. Auf dieses Gedicht hörend, träumen sie den Traum. Erst wenn sie *träumend* sind, sind sie die gereiften Früchte des Festes. Die Dichter können aber das, was vor ihrem Dichten und für es das Gedicht ist, nur sagen, wenn sie das sagen, was allem Wirklichen vorausgeht: das Kommende. Ihr Wort ist das voraussagende Wort im strengen Sinne des προφητεύειν. Die Dichter sind, wenn sie in ihrem Wesen sind, *prophetisch*. Sie sind aber keine »Propheten« nach der jüdisch-christlichen Bedeutung dieses Namens. Die »Propheten« dieser Religionen sagen nicht erst nur voraus das voraufgründende Wort des Heiligen. Sie sagen sogleich vorher den Gott, auf den die Sicherheit der Rettung in die überirdische Seligkeit rechnet. Man verunstalte Hölderlins Dichtung nicht durch »das Religiöse« der »Religion«, die eine Sache der römischen Deutung des Verhältnisses zwischen Menschen und Göttern bleibt. Man überbürde nicht das Wesen dieses Dichtertums, indem man den Dichter zu einem »Seher« im Sinne des Wahrsagers macht. Das dichterisch zum voraus gesagte Heilige öffnet nur den Zeit-Raum eines Erscheinens der Götter und weist in die Ortschaft des Wohnens des geschichtlichen Menschen auf dieser Erde. Das Wesen dieses Dichters darf nicht in der Entsprechung zu jenen »Propheten« gedacht, sondern das »Prophetische« dieser Dichtung muß aus dem Wesen des dichtenden Voraussagens begriffen werden. Ihr Traum ist göttlich, aber sie träumen nicht einen Gott. Dieser Traum hat sein eigenes Schwergewicht, kraft dessen die einwiegenden Lüfte nicht in Wirbeln sich verwirren, sondern ihre einzige Bahn über den langsamen Stegen ziehen.

Doch wie können ziehende Lüfte schwer sein? Weil sie von *goldenen* Träumen schwer sind. Sonst beschwert die Schwere und wird zur Last. Die goldenen Träume sind wie Gold schwer aus der Gediegenheit des Wesenhaften ihres Gedichtes. Sie sind wie Gold glänzend aus der lichten Glut des Heiligen. Sie sind wie Gold edel aus der Reinheit des vom Heiligen her Entschiedenen und Geschickten. Die Schwere ist hier die Fülle der unwägbaren zugewehten Spende, die in den Träumen verborgen

»Andenken« 115

ist. Was die goldenen Träume bergen, sagt der Dichter nicht, wenigstens nicht unmittelbar. Was sollen aber die ziehenden Lüfte des Himmels im südlichen Lande anderes bergen als die Glut und das Licht des heiligen Strahls, dem der Dichter die Geburt seines Wesens verdankt? Die Lüfte wiegen ein in die Wiege dieses Ursprungs. Der Gruß des fremden Landes vollendet sich im Grüßen seiner Lüfte. So grüßend, denkt der Dichter an das *himmlische Feuer*, das zuerst und stets erfahren sein muß, damit für das Darstellen und d. h. für das eigene Vermögen ein Darzustellendes sei, an dem sich das Vermögen des Fassenkönnens erprüfe. Erst wenn die Erfahrung des Fremden und die Einübung des Eigenen in ihre geschichtliche Wesenseinheit gefunden haben, ist die Frucht *von Hesperien* (›Brod und Wein‹ IV, 125) reif geworden. Das Wesen des kommenden deutschen Dichters ist dann gegründet. Dann sagt der Dichter (IV, 71):

> Reif sind, in Feuer getaucht, gekochet
> Die Frücht und auf der Erde geprüfet und ein Gesez ist
> Daß alles hineingeht, Schlangen gleich,
> Prophetisch, träumend auf
> Den Hügeln des Himmels.

Alles was Frucht sein soll, muß in das Feuer hineingehen. Das ist das Gesetz der Ausfahrt in das Fremde zur Erfahrung des himmlischen Feuers. Kein Eigenes der heimischen Erde vermag zu gedeihen ohne dieses Gekochtwerden im Fremden, wobei es fast verbrennen könnte. Kein Eigenes ist davon ausgenommen. Wenn aber die Früchte reif und im Eigenen geprüft sind, sind sie, was sie sein müssen: die Dichter. Sie sind die *Zeichen*, die als zeigende zugleich entbergen und verbergen. So zweideutigen Wesens ist die Schlange, weshalb wohl auch als Überschrift des Hymnenentwurfs *Mnemosyne* statt *Das Zeichen* zuerst geschrieben war *Die Schlange*. Die zu ihrem Wesen reif gewordenen Dichter sind *Schlangen gleich*. Sie sind *prophetisch*. Sie sind *träumend* und sind so bei den Träumen, von denen die Lüfte schwer sind, in deren Zug *die Hügel des Himmels*, d. h. die Wolken, ziehen. Wenn die Dichter reif geworden sind, dann erst können sie gebraucht werden von den Göttern, die sie *brauchen*. Jetzt nach der Reife beginnt erst die *Sorge* (›Heimkunft‹ IV, 111) des Dichterberufs. Denn immer muß er, um im Wesen zu bleiben, an das himmlische Feuer denken und an das Darstellen dieses Zugeschickten. Beides ist andenkend zu behalten, nämlich die goldenen Träume, von denen die Lüfte schwer sind, und der rechte Gebrauch des Eigenen zum Sagen des zu Sagenden. Beides ist auch für einen Halbgott nicht Weniges, sondern Vieles. Darum fährt das Gedicht unmittelbar fort:

> Und vieles
> Wie auf den Schultern eine
> Last von Scheitern ist
> Zu behalten.

In diesem behaltenden Andenken allein reift und erhält sich das Wesen dieses Dichtertums. Deshalb muß sein erster Dichter zuvor und stets dies Andenken selbst bedenken. Dies bedeutet: es dichten und dichtend erfüllen. Darum läßt der heimgekehrte Dichter, der jetzt erst unter das Gesetz der Geschichtlichkeit gekommen ist, durch den Nordost das Feuer im fremden Lande grüßen. Im Gruß grüßt aber das Gegrüßte den Zurückbleibenden wieder. Das himmlische Feuer denkt sich selbst dem Grüßenden zu und bleibt ihm nahe als das Wesende des göttlich Gewesenen. Das erfahrene Fremde ist nicht das nur im grußlosen Vorstellen noch gemeinte und entweste Vergangene.

Noch denket das mir wohl — Dies Zwischenwort im Gruß leitet von der ersten Strophe über zur zweiten. Zugleich trägt es aber den Bogenschwung von der zweiten zur dritten Strophe. Denn das *wohl* sagt nicht nur, daß auch der Heimgekehrte das fremde Feuer *noch* gut und recht behalte. Das *wohl* enthält überdies den Sinn einer schon vom folgenden her bestimmten Einschränkung. Freilich ist *das Feuer des Süds* nahe. Allerdings ist der grüßend Zurückbleibende erfahrener. Aber ist denn dieses grüßende Zurückbleiben schon das Bleibenkönnen im Eigenen? Wohl ist ein Wesensgebot des Gesetzes der Geschichtlichkeit erfüllt: die Ausfahrt in die Kolonie. Aber gerade deshalb und dafür allein muß auch das andere, der freie Gebrauch des Eigenen in der Erfahrenheit des Fremden, seine Erfüllung finden. Wohl ist das Denken an das Gewesene gut, aber es gilt auch und jetzt einzig und einig mit jenem das An-denken an das Kommende.

> Noch denket das mir wohl....
> — — — — — — — — —
> — — — — —
>
> Es reiche aber,
> Des dunkeln Lichtes voll,
> Mir einer den duftenden Becher,
> Damit ich ruhen möge; denn süß
> Wär' unter Schatten der Schlummer.

Klingt dies wie Aufbruch zum Gang ins Heimische? Aber der Dichter ist doch schon in der Heimat angekommen. Oder genügt die bloße Ankunft nicht? Beginnt erst mit ihr die Heimkehr in die Heimat? Das Bleiben in der Heimat macht sich keineswegs von selbst. Es besteht nicht darin, daß der Dichter im Umkreis des Heimischen gleichsam nur vorhanden ist. Das Bleiben ist nur, was es sein muß, in der Heimkehr. Diese ist der Gang des Lernens, das den freien Gebrauch des Eigenen der Erdensöhne lernt, das von den Himmlischen *gebraucht* wird. Der Dichter ruft nach dem Becher, *damit ich ruhen möge*. Spricht so die Kühnheit, das Eigene zu erringen? Ist das nicht eher der ermattende Ruf dessen, der nur noch die Ruhe sucht? Der Dichter bittet um den Becher, damit er dies *Ruhen* auch *möge*, d. h. all sein Mögen (Lieben) diesem Ruhen schenke, um aus dieser Liebe solches *Ruhen* zu vermögen, damit er stark genug sei, die Ermöglichung dieses Ruhens auszutragen. Dann kann aber diese Ruhe nicht die Ruhe des Ausruhens und des Schlummers sein.

Zwar ist der Dichter in das Erfreuende der Schatten der heimischen Wälder gekommen. Die Kühle der Schatten könnte dazu verlocken, dem Feuer auszuweichen und den Aufenthalt im Schatten zu einer Ruhe nach der Art des Schlummers werden zu lassen:

denn süß / Wär' unter Schatten der Schlummer. — Wenn es nämlich dahin kommen dürfte, wenn das Ruhen die Untätigkeit des Schlafens sein könnte und das Abwerfen der Last der Scheiter. Doch der Schlummer *wär'* nur süß. Er ist es nicht, weil er selbst nicht sein darf. Also ist das Ruhen, das zu vermögen der Dichter jetzt erbittet, anderer Art. Der Dichter hat schon das Wort gesprochen: *Jezt aber tagts!* (IV, 151,19). Der Dichter muß wach bleiben, wenn nicht gar zu einem höheren Besinnen erst noch wachender werden. Das Eigene, die Klarheit der Darstellung, gebraucht er nur dann »frei«, wenn das Klare des Sagens bestimmt ist durch das offene Erfahren des Darzustellenden. Dem glänzenden Licht des Heiligen, das sich dem Dichter bei der Ausfahrt in die Fremde geschenkt hat, und das als dieses Geschenk im Grüßen des Gewesenen noch west, muß im voraus das Wort sich fügen. Nur so kann er sich das Erscheinende zeigen lassen und, es anderen zeigend, selbst das Zeichen sein. Nur so glückt der Verzicht auf die falsche Freiheit, die meint, das Erbe des Heimischen sei unmittelbar in den Anlagen des Dichters vorhanden und brauche nur erworben zu werden, um ein Besitz zu sein. Dieses unmittelbare Erwerbenwollen ist der verblendete Bezug zur Heimat, weshalb sie den dichtenden Geist »zehret«. Den freien Gebrauch des eigenen Vermögens lernen, heißt, sich immer ausschließlicher fügen in das Offensein für das Zugewiesene, in die Wachsamkeit auf das Kommende, in die Nüchternheit, die, ohne im Vielerlei zu taumeln, das Einzige festhält, was die Not ist. Die nüchtern aufmerkende Offenheit für das Heilige ist zugleich die Sammlung auf das Ruhige, das dem »Ruhen« entspricht, woran der Dichter denkt. Dieses Ruhen ist das Bleibenkönnen im Eigenen. Solches Bleiben ist nur als der lernende Gang der heimkehrenden Rückkehr in das Ursprüngliche des

»*Andenken*« 119

Eigenen. Wie kann jedoch der Dichter, wenn es gilt, dieses Bleibenkönnen in der Klarheit zu lernen, jetzt sagen:

> Es reiche aber,
> Des dunkeln Lichtes voll,
> Mir einer den duftenden Becher,

Will der Ruf nach dem Becher nicht eher den Duft der Betäubung in das Vergessen und den Trank für den Rausch, der aus der Besinnung weghebt? Der Wein wird das *dunkle Licht* genannt. Also erbittet der Dichter gleichwohl das Lichte und Helle, das der Klarheit dient. Aber das dunkle Licht hebt die Klarheit wieder auf, denn das Licht und das Dunkel widerstreiten sich. So scheint es zu sein für das Denken, das sich im Rechnen mit Gegenständen erschöpft. Der Dichter freilich sieht ein Leuchten, das durch sein Dunkles zum Scheinen kommt. Das dunkle Licht verleugnet nicht die Klarheit, wohl aber das Übermaß der Helle, weil diese, je heller sie ist, um so entschiedener die Sicht versagt. Das allzu feurige Feuer blendet nicht nur das Auge, sondern die übergroße Helle verschlingt auch alles Sichzeigende und ist dunkler als das Dunkle. Die bloße Helle gefährdet das Darstellen eher, weil die Helle in ihrem Schein den Anschein bei sich führt, sie allein verbürge schon die Sicht. Der Dichter bittet um die Spende des dunklen Lichtes, worin die Helle gemildert ist. Aber diese Milderung schwächt das Licht der Helle nicht ab. Denn das Dunkle öffnet das Erscheinen des Verbergenden und bewahrt in diesem das darin Verborgene. Das Dunkle bewahrt dem Lichten die Fülle dessen, was es in seinem Scheinen zu verschenken hat. Das dunkle Licht des Weines nimmt nicht die Besinnung, sondern es läßt das Besinnen über den bloßen Schein jenes Klaren, den auch alles Errechenbare und Flache hat, höher steigen in die Höhe und Nähe des Höchsten. Dann bewirkt der gefüllte Becher auch keine Betäubung. Er soll nicht betrunken, wohl aber trunken machen. Die Trunkenheit ist die Erhabenheit der Stimmung, in der einzig die Stimme des Stimmenden vernommen wird, damit die Gestimmten zum äußersten Anderen ihrer selbst entschieden seien. Entschieden freilich sind sie nicht kraft eines errechneten Entschlusses, sondern weil ihr Wesen beschieden ist durch das, womit die Stimme des Stimmenden sie bedacht hat. Die Trunkenheit verwirrt den »Sinn« so wenig, daß sie vielmehr erst die Nüchternheit für das Hohe bringt und *an dieses denken* läßt. Die Nüchternheit des Anspruchslosen, aber in seiner Weise Gediegenen und seiner selbst Sicheren ist anderer Art als die, mit der das Trockene und Schwunglose, das Kahle und Leere sich einstellt. Beide Weisen der Nüchternheit unterscheiden sich wesentlich von der Nüchternheit des Trunkenen, aus der es die Kühnheit des Verweilens in der Höhe des Höchsten besitzt. Die Trunkenheit hebt in die lichte Klarheit, in der die Tiefe des Verborgenen sich öffnet und die Dunkelheit als die Schwester der Klarheit erscheint. Die unvollendete Elegie ›Der Gang aufs Land‹ (IV, 112 f. und 314 f.) kann zur Verdeutlichung helfen. Nur ist das fast befremdlich Einfache dieser Dichtung noch schwerer zu denken als die anderen Gedichte. Wir vermuten nur, dieser *Gang aufs Land* sei der Gang des Heimgekommenen in die eigentliche Heimkehr. Dieses zurückkehrende Gehen ist das Bleiben im Heimischen. Die Rückkehr wird von dem einzigen *Wünschen* erfüllt, am Wohnort des Menschen den Himmlischen, die zu Gast kommen sollen, das Haus zu bauen. Dann erst, wenn dies Dritte zwischen den Himmlischen und den Menschen steht, *das Gasthaus*, ist eine Stätte der sterblichen Bereitschaft für die Nähe der Himmlischen, sind uns die Himmlischen, die sie sind. Das Gedicht nennt dies eine Verlangen, die Gründung des Gasthauses *in Feiertagen des Frühlings* beginnen zu dürfen. Dazu aber muß alles, das heimische Land und die Luft, das Herz der Sterblichen und die Himmlischen *offen* sein, d. h. *dem Geiste gemäß**. In dieser Elegie steht das Wort:

---

* Ob, wenn wir »das Offene« aus dem nicht-dichterischen Denken vordenken und sein Wesen zuvor als die Lichtung des Seins erfahren, deren Wesensanklang die Griechen in der ἀλήθεια (Un-verborgenheit) anfänglich ahnten, aber nie auf einen Grund bringen konnten, dadurch in die Dichtung Hölderlins ein Fremdes hineingedeutet wird, oder ob hier nicht dem Dichten, aus ganz anderem Bezirk freilich, das Denken entgegenkommt, bleibe der Über-

» *Andenken* «

Darum hoff ich sogar, es werde, wenn das Gewünschte
Wir beginnen, und erst unsere Zunge gelöst,
Und gefunden das Wort, und aufgegangen das Herz ist,
Und von trunkener Stirn' höher Besinnen entspringt,
Mit der unsern zugleich des Himmels Blüthe beginnen,
Und dem offenen Blik offen der Leuchtende seyn.

Die Gabe des Weingottes, dem die Dichter gehören, spendet die trunkene Stirn, so daß ein Bleibenkönnen in der höheren Klarheit jenes Darstellens gewährt ist, das *den Leuchtenden* im nennenden Wort zeigen muß. Weil das dunkle Licht solches spendet, kann der Trunk aus dem duftenden Becher zugleich zur Spende werden, die der Heimgekehrte den Göttern zuerst und den Schiffern andenkend darbringt. Durch diese Spende weiht der Dichter den eigenen Gang in das Heimische der Bereitung des Grundes, auf dem das Wohnen gründen soll. Die Wanderschaft des Wanderers endet mit dem Beginn dieses Heimischwerdens. So sagt der Schluß der Elegie ›Der Wanderer‹ (IV, 106) dieses:

Darum reiche mir nun, bis oben an von des Rheines
Warmen Bergen mit Wein reiche den Becher gefüllt!
Daß ich den Göttern zuerst und das Angedenken der Helden
Trinke, der Schiffer, und dann eures, ihr Trautesten! auch
Eltern und Freund'! und der Mühn und aller Leiden vergesse
Heut und morgen und schnell unter den Heimischen sei.

Der Ruf des Dichters nach dem duftenden Becher erbittet die Gewährung, im Wesensgesetz seines Dichtertums, im einmütigen Denken an das Gewesene und an das Kommende bleiben zu können, statt die Zeit über, die es jetzt ist, zu schlafen.

legung anheimgestellt. Vgl. den Aufsatz ›P l a t o n s L e h r e v o n d e r W a h r h e i t‹. Jahrbuch für die geistige Überlieferung. Zweiter Band, 1942, als gesonderte Schrift erschienen 1947 bei A. Francke, Bern. Was dagegen R i l k e in der achten seiner D u i n e s e r E l e g i e n »das Offene« nennt, ist dem Denken des Grundes der $ἀλήθεια$ so fremd, daß es nicht einmal genügte, wenn Rilkes Wort nur als der äußerste Gegensatz zu Hölderlins Wort erwiesen würde. Vgl. *Holzwege.* 1950, S. 262 ff.

»*Andenken*«

Nicht ist es gut
Seellos von sterblichen
Gedanken zu seyn.

Jetzt, da der Nordost grüßend dem Dichter das gewesene Fest im fremden Lande zudenken läßt, bringt der selbe Nordost die kühle Klarheit. Er gibt dem Dichter das Bleibenkönnen im Eigenen seiner dichterischen Bestimmung zu bedenken. Deshalb muß er auf das denken, was für das Lernen des freien Gebrauchs der eigenen Darstellungsgabe gut ist und was nicht.

Nicht ist es gut — Diese Abwehr geht keineswegs ins Unbestimmte. Das Wort gilt auch nicht überhaupt für den Menschen. Es dient der Besinnung auf das, was für die Weile des ausgeglichenen Schicksals das Schickliche ist und den Dichter zum Sagen geschickt macht. Unschicklich wäre es jetzt, *seellos — — — — zu seyn* — denn wie sollte der Dichter sonst seinem Wesen genügen, der »Beseeler« zu sein? »Seele« meint hier anderes als nur überhaupt das Prinzip des Lebens eines beliebigen Lebendigen. »Seele haben«, heißt hier, seelenvoll oder gemütvoll sein. »Seele« bedeutet dasselbe wie »Gemüt«. Zwar hat auch dieser Name für uns die ursprüngliche Nennkraft verloren. Allenfalls gilt uns das Gemüt als das Zarte der Empfindsamkeit, wenn nicht gar als das nur »Sentimentale«, Schwächliche und Nachgiebige. Allein das Wort Gemüt birgt noch einen anderen Zuspruch, den wir eines Tages wieder hören werden, wenn wir verlernt haben, den Menschen nach den Meinungen der Anthropologien zu denken. Gemüt ist die Quelle und die Stätte, das Gefüge und die Stimme des muots, der uns aussetzt in die Innigkeit des Gleichmuts und der Armut, der Sanftmut und des Edelmuts, der Anmut und des Opfermuts, der Großmut und der Langmut. Das so erfahrene Gemüt nennt Hölderlin die »Seele«. Der seelenvolle Mensch (V, 319) ist der hochgemute, der den Mut hat, sich das Höchste zumuten zu lassen. Der Dichter wäre *seellos*, wenn er nur dahinlebte, entblößt *von sterblichen Gedanken*. Diese öffnen das Gemüt für die Zumutungen, in

»Andenken«

denen ihm das Wesenhafte zugedacht wird. Inwiefern überwinden sterbliche Gedanken das Seellose? Offenbar sind nicht hinfällige und vergängliche Gedanken gemeint, sondern Gedanken, die von den Sterblichen, den *Erdensöhnen*, gedacht sind. Aber soll der Dichter nicht gerade das Heilige denken, das über den Göttern und den Menschen ist? Gewiß. Doch muß er das Heilige darstellen, damit durch sein Sagen die Götter sich selbst fühlen und so sich selbst zum Erscheinen bringen in der Wohnstatt der Menschen auf dieser Erde. Der Dichter muß an das denken, was die Erdensöhne zuerst angeht, wenn sie sollen wohnen können in ihrem Heimischen. Allein dieses »Sterbliche«, die Erdensöhne Angehende, muß der Dichter auch, wenngleich nicht einzig, in der Weise der Erdensöhne denken. Denn der Dichter steht als der Zeigende zwischen den Menschen und den Göttern. Er denkt aus diesem Zwischen her das, was über beiden je verschieden beide heiligt und als das zu sagende Gedicht sich ihm zudenkt. Sterblich denkend dichtet er das Höchste. Ohne diese Gedanken zu sein, ist für das dichterische Bleibenkönnen im Eigenen nicht gut.

> Doch gut
> Ist ein Gespräch und zu sagen
> Des Herzens Meinung, zu hören viel
> Von Tagen der Lieb',
> Und Thaten, welche geschehen.

Erneut* gilt es zu fragen: Was ist *ein Gespräch?* Nach dem Vorigen kann es nur das Denken der sterblichen Gedanken sein. Woraus wiederum erhellt, daß dieses Denken die Art des Gespräches hat. Was zum Gespräch gehört, nennt der Dichter durch das erläuternde *und:*

zu sagen — — — zu hören — Meint dies nur, daß das Berichten und das Zuhören als seine Bestandstücke das Gespräch ausmachen? Läßt sich denn jemals ein Gespräch aus beiden erst

---

* Vgl. *Hölderlin und das Wesen der Dichtung.*

durch Zusammensetzung bilden? Sagen und Hören bilden nur das gesprochene Gespräch, indem sie das ursprüngliche Gespräch entfalten und bei solcher Entfaltung selbst erst aus dem ursprünglichen Gespräch entspringen. Dies ist der stets wörterlose Zuspruch des Zugeschickten, die lautlose Stimme des Grußes, in der sich die Zumutung dessen ereignet, was zuvor Einer im Gemüt tragen muß, der durch die Stimme zum Zeigen bestimmt ist. In solcher Zumutung stehen, heißt hören können. Das gibt den Wesensgrund des echten Sagens. Dies ist ursprünglich ein Hören, gleich wie das echte Hörenkönnen ein ursprüngliches Wiedersagen (nicht ein Nachsagen) des Gehörten ist. Nur weil die leiblichen Werkzeuge, Mund und Ohr, im Aussehen verschieden und an gesonderte Leibstellen verteilt sind, zertrennen wir das Sagen und das Hören in zwei Vermögen und übersehen das ursprünglich Einige beider, das zuvor schon die Möglichkeit ihres Wechselbezuges trägt. Sagen und Hören entspringen gleichwesentlich dem ursprünglichen Gespräch. Deshalb sind auch im guten Gespräch das Gesagte und das Gehörte das Selbe. Hölderlin denkt im dichterischen Nennen des guten Gesprächs an das Sagen und Hören, das aus dem ursprünglichen Gespräch kommt. Das gute Gespräch sagt

des Herzens Meinung — Sie meint das, woran das Herz im voraus und ständig denkt. Wohl mit Recht bringt man das Wort »Meinung« in den Bezug zu »Minne«. Was das Herz in seinem Grunde denkt, und das heißt auch schon, was es »will«, darin sammelt sich alles Wünschen. Das wesentliche Wünschen unterscheidet sich vom bloßen Begehren, das sein Begehrtes je nur für sich und im Begehrten auch nur sich will. Solches Begehren weicht dem Schicklichen aus. Weil ihm das rechte Denken fehlt, ist es ohne Verstand. Von diesem *Wünschen* sagt Hölderlin (›Der Rhein‹, IV, 173):

Doch unverständig ist
Das Wünschen vor dem Schiksaal.

»Andenken« 125

Dagegen will das echte Wünschen, das die Elegie ›Der Gang aufs Land‹ ins Wort bringt, das Schickliche (IV, 112):

> Denn nicht Mächtiges ists, zum Leben aber gehört es,
> Was wir wollen, und scheint schiklich und freudig zugleich.

Nicht Mächtiges — nicht Großartiges und im Eindruck Wirksames, auch nicht solches, was der Gewalt bedarf und durch Herrschaft sich erst eine Geltung sichert. Unscheinbar waltend *gehört es* doch *zum Leben*, wohl nicht als bloßes Zubehör, sondern als das Gehörige, darauf die Erdensöhne im voraus hören müssen, wenn sie wohnen wollen auf dieser Erde. Da aber dieses Wohnen *dichterisch* ist, kann auch dies zum Leben Gehörige nur das sein, *was wir*, d.h. die Dichter, wollen. Die Meinung ihres Herzens meint das Gedicht des Heiligen, das im Schicksal verweilt zur Zeit des Festes. Des Herzens Meinung denkt an die Feier des Festes. Solche Meinung sagen, das dient der Bereitung der Inständigkeit im Wesen des zugeschickten Dichtertums. Indem jedoch das gute Gespräch des Herzens Meinung sagt, läßt es

> hören viel
> Von Tagen der Lieb',
> Und Thaten, welche geschehen.

Das *viel* bedeutet hier den Reichtum der Fülle des Einen, nicht das Vielerlei einer Menge des Verstreuten. Dies Hören vernimmt nie das nur Vergangene, sondern hört das Gewesene, indem es eingeweiht wird in das Wesen des Geschehenen. Dies Hören denkt an die Großmut und die Sanftmut und die Langmut der Tage der Liebe. Ihr Geist ist der Wille, daß das Geliebte in sein eigenes Wesen finde und darin festbleibe. Dies Hören ist ein Andenken an den Freimut und Opfermut der *Thaten*, die als geschehene stets eine Vollendung sind und Gültiges gründen. Liebe und Taten erfüllen das Hochgemute des Mutes, aus dem allein das Gemüt der Sterblichen sich anfänglich bereit macht für die Zumutung eines Geschickes, das, über den Menschen und doch unter den Göttern stehend, das Ungleiche des Halbgottes dulden muß. Die Liebe stimmt den Mut für das Fest. Die Taten befreien den Mut zum Innebleiben im Schicksal. Liebe und Tat sind im Bezirk der Sterblichen die Feier, in der das Fest bereitet wird. Liebe und Tat sind das Dichterische, das zu hören für den Dichter gut ist, der aus der Erfahrung des fremden Feuers und für diese sich üben soll im freien Gebrauch des Wortes, das jenes darstellt, was dem Sterblichen das Wohnen im Heimischen gründet. Indem dies Gespräch von Liebe und Tat hören läßt, sagt es des Herzens Meinung. Das Gesagte und das Gehörte ist das Selbe und Eine. Das begegnende Entgegnen im guten Gespräch läßt an das denken, worauf alles Andenken immer denken soll. Das gute Gespräch macht die Sprechenden denkender im Denken der *sterblichen Gedanken*. Der Dichter wird seelenvoller und d. h. dichtender. Das andenkende Denken des guten Gesprächs spricht die dichterische Sprache. Worin das gute Gespräch sein dichterisches Wesen hat, weiß der Dichter; denn er kennt das Unwesen des Gesprächs und der ihm dienstbaren Sprachen. Das Gegenwesen zum guten Gespräch ist das *undichterische* Geschwätz. In einem späten Bruchstück heißt es (n. 25, IV, 257):

> der Nachtgeist
> Der himmelstürmende, der hat unser Land
> Beschwäzet, mit Sprachen viel, undichtrischen, und
> Den Schutt gewälzet
> Bis diese Stunde.
> Doch kommt das, was ich will,

Was der Dichter *will*, ist das im wesentlichen Wünschen Gewollte, das Schickliche. Dies kommt nicht, weil es der Dichter will, sondern der Dichter muß das Kommende dichtend wünschen, weil es das unvordichtbare Gedicht, der Traum des Heiligen, ist. Diesem Kommenden müssen die Dichter *bei guter Rede den Boden weihn* (›Der Gang aufs Land‹, IV, 112). Nur so wird den Erdensöhnen die Gewähr eines dichterischen Wohnens bereitet. Im Entwurf des Bruchstücks ringt Hölderlin darum, das Wort *undichtrischen* deutlicher zu sagen. N. v. Hellingrath ver-

»*Andenken*« 127

merkt dazu folgendes (IV, 392): »über *undichtrischen* sind turmähnlich die var. gehäuft: *unendlichen unfriedlichen unbündigen unbändigen.*«
Durch diese dichtende Auslegung seines eigenen Wortes gibt uns der Dichter zu wissen: das Dichterische ist das Endliche, was sich in die Grenzen des Schicklichen fügt. Das Dichterische ist das Friedliche der besonnenen Ruhe, die den Streit bannt. Das Dichterische ist das Bündige, das Unangebundenes bindet. Das Dichterische ist das in Band und Maß Gehaltene, das Maßvolle. Überallhin geht das Dichterische auf das Nicht-Verlassen der Grenze, der Ruhe, des Bandes, des Maßes. Das Dichten denkt auf ein Bleibendes. Das dichterische Gespräch übt daher die Sprache ein für das Darstellen des Bleibenden und schenkt so dem Dichter den freien Gebrauch des Vermögens, im Eigenen zu ruhen. Gut ist ein solches Gespräch. In ihm begegnet ein Andenken dem anderen. Im Begegnen wird der Einklang der selben Gedanken und so das Zueinandergehören als das Bestehen der Freundschaft erfahren.

    Wo aber sind die Freunde? Bellarmin
    Mit dem Gefährten?

Die vierte Strophe beginnt mit einer Frage. Sie ist die einzige im Gedicht. Wie soll jedoch das *Andenken*, das im Entschiedenen ruht, der Unruhe des Zweifelns verfallen? Vielleicht ist die Frageform der beiden Verse nur eine andere, betonende sprachliche Wendung für das notvolle Wort, das der Dichter aus dem gleichen Verlangen nach dem *Ruhen* und aus dem gleichen Andenken in der Hymne ›Die Titanen‹ spricht (IV, 208):

        Indessen, gieb in Feierstunden
    Und daß ich ruhen möge, der Todten
    Zu denken. Viele sind gestorben
    Feldherrn in alter Zeit
    Und schöne Frauen und Dichter
    Und in neuer
    Der Männer viel
    Ich aber bin allein.

Wollten wir die Frage *Wo aber sind die Freunde?* nur als Scheinfrage verstehen, dann müßte sie lauten: Wo aber sind überhaupt Freunde? Der Dichter fragt aber nach *Bellarmin mit dem Gefährten*. Die Frage fragt eindeutig nach *den* Freunden. Sie fragt, wo sie seien. Die Frage ist eine echte Frage. Dennoch liegt über ihr etwas Unbestimmtes. Sind die Freunde, nach deren Aufenthalt gefragt wird, die zwei genannten, die mit dem Dichter als dem dritten, damit er ruhen möge, das gute Gespräch führen sollen? Dann wäre der Dichter selbst ein Freund und ein Gefährte. Oder sind *die Freunde* jene beiden, die allein miteinander sagen und hören sollen? Aber Hölderlin denkt doch an das Gespräch, das für ihn, will sagen für die Rettung seines Dichtertums, gut ist. Was soll ihm ein Gespräch unter Freunden, bei denen er selbst nicht dabei ist? *Bellarmin* ist der Name des Gefährten, mit dem *Hyperion* vormals in vielen Briefen lange Gespräche geführt hat, die von *Tagen der Lieb'* und von *Thaten* erzählen. *Hyperion* ist der Name des Dichters. Er selbst ist *der Gefährte*, nach dessen Aufenthalt jetzt die Frage fragt. Wo er selbst sei, muß aber der Dichter doch wissen, zumal jetzt, da er, der Grüßende, sich als den zu erkennen gibt, der in der Heimat zurückbleibt. Allein der Dichter fragt zuerst nach Bellarmin *mit dem Gefährten*. Ob wohl der Gefährte noch mit ihm ist? Ob beide wohl getrennt sind? Wo sind die Freunde? Die Frage will nicht geographisch den Aufenthaltsort der Freunde erkunden. Sie denkt auf das Wesen des Ortes, zu dessen Ortschaft jetzt jeder der Freunde bestimmt worden. Denn inzwischen ist seit der dichterischen Zeit der Hyperiondichtung dem Dichter anderes widerfahren. In der Empedoklesdichtung ist der Freund nicht mehr der Gefährte Bellarmins. Er ist zu einem anderen Wesensort ausgefahren. Aber auch dieser wurde inzwischen verlassen. Die Empedoklesdichtung gehört noch in die Wanderschaft. *Heimkunft* beginnt erst dort, wo *der Wanderer* hinübergegangen ist zum dichtenden Sagen der heimischen Ströme (›Der Rhein‹ und ›Der Ister‹). Doch selbst die Heimkunft beginnt nur die Heimkehr in das Eigene. Deshalb ruft der Angekommene nach dem Becher und verlangt nach dem Bleibenkönnen im Eigenen. Dürfen wir uns da noch wundern, wenn der Dichter fragt, wo er selbst sei, gesetzt daß diese Frage auf das Heimischwerden im eigenen Wesensort hinausdenkt? Dann schließt das *Andenken* doch das Fragen nicht aus. Nur verfängt sich dieses nicht im berechnenden Zweifeln. Auch ist dies dichterische Fragen anderer Art als das denkerische, das sich in das wesenhaft Fragwürdige wagt und in diesem Anderes zum Austrag bringt als das Sagen des Heiligen. Der Denker denkt in das Unheimische, das ihm nicht ein Durchgang, sondern das *zu Hauß* ist. Das andenkende Fragen des Dichters dagegen dichtet das Heimische. Im Sinne dieses Fragens bleibt die einzige Frage des Gedichtes nur die scheue Enthüllung der verborgenen Frage, die auf das Wesen des *Andenkens* selbst zudenkt. Allein der Dichter fragt dichterisch. Das enthüllende Hervortreten der Frage ist doch ein Verhüllen. Das anscheinend Unbestimmte der Frage ist das Schwebende dieses Verhüllens, das sein Gefragtes doch ahnen läßt. Der Dichter fragt nach *dem Gefährten* und nach den Freunden und fragt doch zuerst, wenngleich nicht nur, nach sich selbst. Gewiß begrübelt er nicht das »Ich« seiner Person, sondern er fragt von diesem weg nach dem Wesensort des Selbst, dessen Eigenes allein die Erfüllung des Wesens eines Dichtertums ist. Was kann aber der Heimgekommene anderes fragen als dies, ob er durch die Heimkunft nun auch schon *zu Hauß* sei, *an der Quell?*

Mancher
Trägt Scheue, an die Quelle zu gehn;

Das ist die Antwort auf die Frage, oder doch die innere Mitte der Antwort, aus der sich das Übrige entfaltet. Aber diese Antwort möchte noch mehr befremden als die schwebende Frage. Denn jetzt werden *Manche* genannt, die selbst wieder unter die Zahl derer gehören, die zum Gang an die Quelle bestimmt sind. Diese Zahl ist die Einheit der also Zusammengehörigen. Sie sind die Freunde einer Freundschaft, die auf die Schickung in das künftige Dichtertum gegründet ist. Die Freunde, nach denen der Dichter fragt und zu denen er selbst gehört, sind die verborgenen (und auch heute noch verborgenen) *Schiffer*, an die der Beginn des Gedichtes denkt. Aus der Zahl dieser Freunde trägt mancher die Scheue, an die Quelle zu gehen. Will dieses Wort nur sagen, daß manche zwar sich scheuen und deshalb einige nicht an die Quelle gehen, daß aber die Mehrzahl doch ohne Scheu und Bedenken geradewegs diesen Gang unternimmt? So zu meinen, widerspräche dem Grundgesetz der Geschichtlichkeit, das ein Gesetz des Heimischwerdens ist. Dieses aber besteht im Durchgang durch das Unheimischsein und ist nur als ein solcher Gang geeignet zur Aneignung des Eigenen. Denn *die Quelle* ist der Ursprung des Stromes, der das Land urbar macht und die Erdensöhne in ihm wohnen läßt. *Die Quelle* ist der Ursprung des Stromgeistes, der die dichterische Fülle des Eigenen der Heimat in sich birgt. Aber die Quelle offenbart sich erst als die Quelle, wenn der Strom und sein Ausgang im Meer erfahren sind. Deshalb ist der Gang zur Quelle der Rückgang zu ihr in der Gegenrichtung des gewöhnlichen Strömens des Stromes. Dazu muß der Gang zur Quelle erst von der Quelle weggehen. Der Gang zu ihr geht nicht geradehin auf sie zu. Was der Ursprung des Heimischen in seiner Wahrheit ist, läßt sich im Beginn des jugendlichen Aufwachsens *zu Hauß* gerade nicht erfahren. Zu der selben Elegie ›Brod und Wein‹, für die das Wort vom Gesetz des Heimischwerdens bestimmt war, bringt N. v. Hellingrath folgenden Entwurf (IV, 323):

> aber des Ursprungs
> Denkt man schwer und der Jugend Haus fassen
> die Seher nicht mehr.
> Aber doch etwas gilt, in reiner Regel, die Erde.
> Eine Klarheit, die Nacht, das und das Ruhige kennt
> Ein Verständiger wohl, ein Fürstlicherer, und zeiget
> Göttliches, ihrs auch sei lang wie der Himmel und tief.

Wenn der Geist aus der Fremde, des dort Erfahrenen gedenkend, heimkehrt, dann hat er zuvor das im Blick, was darzustellen ihm aufgegeben worden. So in das Kommende sehend, sieht er das *zu Hauß* nicht mehr wie vormals in der Jugend, da er die Heimat unmittelbar fassen wollte. Jetzt erst gilt die Regel der heimischen Erde, weil das von ihr zu regelnde Darstellen durch das darzustellende Feuer bestimmt ist. Einer, der höheren, fürstlicheren Wesens, als Halbgott nämlich, in dieser Klarheit verständigt ist, kann dann Göttliches zeigen, mag auch das Ruhige und Klare, in das die Darstellung sich fügen muß, lang und tief sein wie der Himmel. Das zur Quelle zurückkehrende Denken an den Ursprung ist das Schwerste. Deshalb trägt mancher *Scheue*, nicht weil er dies Schwerste fürchtet, sondern weil er es liebt. Die Scheue ist wohl ein anderes als die Schüchternheit, die in allem, was ihr begegnet, nur zaghaft und unsicher bleibt. Die Scheu dagegen ist gehalten durch das eindeutig Einzige, wovor sie Scheu ist. Die Scheu wird nicht unsicher und hält doch an sich. Ihr Ansichhalten entgeht jedoch der Gefahr, daß die Scheuen sich in eine Bekümmerung um sich selbst verstricken nach der Art der Furchtsamen. Das Ansichhalten der Scheu kennt aber auch nie den Vorbehalt. Die Scheu ist als ursprünglich gefestigtes Ansichhalten vor dem Gescheuten zugleich die innigste Zuneigung zu diesem. Was zur Scheu stimmt, läßt zögern. Doch die zögernde Scheu kennt kein Zagen und Verzagen. Ihr Zögern ist die wartende Entschiedenheit zur Geduld. Zögerung ist hier der längst entschiedene Mut zum Langsamen. Die Zögerung der Scheu ist Langmut. Aber die Scheu erschöpft ihr Wesen nicht in solcher Zögerung. Denn in dieser selbst waltet das zugeneigte Hindenken zu dem Gescheuten. Die Scheu ist das an sich haltende, langmütig hinüberstaunende Andenken an Jenes, was nahe bleibt in einer Nähe, die einzig darin aufgeht, ein Fernes in seiner Fülle fern und dadurch für sein zuquellendes Entspringen bereit zu halten. Diese wesenhafte Scheu ist die Stimmung des heimgekommenen *Denkens an den Ursprung*. Die Scheu ist das Wissen, daß der Ursprung sich nicht unmittelbar erfahren läßt. Diese Scheu ist das Schwergewicht, in dem das Herz jener Dichter ruhen muß, deren Wort den Geschichtsgang eines Menschentums in sein Heimisches gründet, damit er nicht aus dem Gleichgewicht falle. Die Scheu hemmt nicht. Aber sie legt das Langsame auf den Weg. Sie ist die feiertägliche Grundstimmung für die langsamen Stege. Die Scheu stimmt den Gang auf den dichterischen Wegen. Die Scheu bestimmt zum Gang an den Ursprung. Sie ist bestimmender als alle Gewalt.

Mancher / Trägt Scheue, an die Quelle zu gehn; — heißt nicht: mancher bleibt weg und geht nicht an die Quelle. Das Wort sagt eher: manch einer zögert und drängt nicht geradezu an die Quelle. In der Scheue weiß er jedoch allein das Gesetz des Ganges an die Quelle. Indem er nicht unmittelbar an die Quelle geht, geht er den Gang zu ihr gerade eigentlich. Deshalb kann nur der Scheueste der Scheuen zuerst auf diesem Gang unterwegs sein. Er ist es. Aber er sagt dies verhüllend; denn er kann sich nicht als die Ausnahme aufspreizen. Er weiß, daß das Wissen des Gesetzes nur darin beruht, im Gesetz zu stehen, zuvor tapfer die Heimat vergessend, in die Fremde zu wandern: *nemlich zu Hauß ist der Geist / Nicht im Anfang, nicht an der Quell.* Warum ist der Geist im Beginn nicht an der Quell, wo doch nach dem gewöhnlichen Meinen unmittelbar alle Fülle geborgen ist und entspringt?

> Es beginnet nemlich der Reichtum
> Im Meere.

Reichtum ist nie bloßer Besitz; noch weniger ist er die Folge des Besitzes, weil er stets sein Grund bleibt. Reichtum ist der Überfluß dessen, was den Besitz des eigenen Wesens gewährt, indem er den Weg zu seiner Aneignung öffnet und unerschöpflich bleibt an Gebot, für das Eigene reif zu werden. Überfluß ist aber nicht die Unmenge, die dem Satten als das stets noch Übrige vorliegt. Der echte Überfluß ist das Überfließen, das sich selbst überfließt und so übertrifft. Bei solchem Übertreffen fließt das Überfließende zu sich selbst zurück und erfährt, daß es sich

»Andenken« 133

selbst, weil stets übertroffen, nicht genügt. Aber dieses sich übertreffende Sich-nie-genügen ist der Ursprung. Der Reichtum ist wesenhaft Quelle, an der das Eigene erst und allein zum Eigentum wird. Die Quelle ist die Entfaltung des Einen zur Unerschöpflichkeit seiner Einheit. Das Eine solcher Art ist das Einfache. Reich sein kann nur, wer versteht, den Reichtum frei zu gebrauchen und ihn zuvor überhaupt in seinem Wesen zu sehen. Dies vermag allein, wer arm sein kann im Sinne der Armut, die kein Entbehren kennt. Denn das Entbehren verstrickt sich stets in ein Nichthaben, das gleich unmittelbar, wie es nicht hat, alles auch unmittelbar, ohne die Eignung dafür, »haben« möchte. Dies Entbehren entspringt nicht dem Mut der Armut. Das habenwollende Entbehren ist bloße Armseligkeit, die sich unausgesetzt an den Reichtum hängt, ohne dessen echtes Wesen wissen zu können und die Bedingungen seiner Aneignung übernehmen zu wollen. Die wesenhafte Armut ist der Mut zum Einfachen, das nur im Ursprünglichen west. Diese Armut erblickt das Wesen des Reichtums und weiß daher sein Gesetz. Das Reichseinwollen muß durch ein Sichübertreffen hindurch. Dies aber will gelernt sein. Das Lernen muß dort beginnen, wo der Reichtum sich am leichtesten zeigt. Dies geschieht dort, wo er ausgebreitet ist und das Wesen des Einfachen, d. h. der Quelle, sich noch in der unmittelbaren Fülle des Dargereichten verbergen kann. Ausgebreitet ist der Reichtum, der die Quelle selbst ist, dort, wo der ihr entsprungene und von ihr überall noch gedrängte Strom sich ausgebreitet hat, um dann *meerbreit* und für das Meer bereit in dieses auszugehen. Der Strom »ist« die Quelle, so daß sich zufolge seines Ausgangs ins Meer die Quelle selbst im Meer verbirgt. Jene *Manchen* aber, die Scheue tragen, an die Quelle zu gehen, müssen aus dieser Scheu den Weg zur Quelle als den Umweg über das Meer erkannt haben. Kolonie liebt ihr Geist. Diese Dichter sind Schiffer.

            Sie,
Wie Maler, bringen zusammen
Das Schöne der Erd' ...

Das Dichten dieser Dichter ist noch nicht im eigensten Wesen der Dichtung. Ihre Art ist noch wie die der *Maler*. Ihr Sagen ist noch nicht heimisch geworden im Heimischen. Es ist jenes Dichten, das *Bellarmin mit dem Gefährten* vollbringen mußte: Hyperiondichtung. Auf ihrer Ausfahrt über das Meer in das fremde Land bringen sie das *Schöne der Erd'* zusammen. *Das Schöne* meint hier keineswegs das Vielerlei des Reizenden und Gefälligen. *Das Schöne der Erd'* ist die Erde in ihrer Schönheit. Mit diesem Wort nennt der Dichter des ›Hyperion‹ aber *das Seyn*. Statt vieler Zeugnisse genüge der Hinweis auf die Stelle eines Entwurfes einer Vorrede zum ›Hyperion‹ (II, 546):

Jenen ewigen Widerstreit zwischen unserem Selbst und der Welt zu endigen, den Frieden alles Friedens, der höher ist, denn alle Vernunft, den wiederzubringen, uns mit der Natur zu vereinigen, zu Einem unendlichen Ganzen, das ist das Ziel all' unseres Strebens, wir mögen uns darüber verstehen oder nicht.
Aber weder unser Wissen noch unser Handeln gelangt in irgend einer Periode des Daseyns dahin, wo aller Widerstreit aufhört, wo Alles Eins ist; die bestimmte Linie vereinigt sich mit der unbestimmten nur in unendlicher Annäherung.
Wir hätten auch keine Ahndung von jenem unendlichen Frieden, von jenem Seyn, im einzigen Sinne des Worts, wir strebten gar nicht, die Natur mit uns zu vereinigen, wir dächten und handelten nicht, es wäre überhaupt gar nichts, (für uns) wir dächten selbst nichts, (für uns) wenn nicht durch jene unendliche Vereinigung, jenes Seyn, im einzigen Sinne des Worts vorhanden wäre. Es ist vorhanden — als Schönheit; es wartet, um mit Hyperion zu reden, ein neues Reich auf uns, wo die Schönheit Königin ist. —
Ich glaube, wir werden am Ende alle sagen: heiliger Plato, vergieb! man hat (urspr. wir haben) schwer an Dir gesündigt.
Der Herausgeber.

Die Schönheit ist die Anwesenheit des Seyns. Das Seyn ist das Wahre des Seienden. Das Wahre des Seienden nennt der Dichter des ›Hyperion‹, Hölderlin in der Zeit seiner Ausfahrt in die Fremde, stets *die Natur*. Der heimgekommene Dichter freilich

»Andenken«

wird eines Tages, da er das sagen muß, was das Heimischwerden im Eigenen begründet, dies Wort nicht mehr als das Grundwort seines Dichtens gebrauchen*. Indessen aber müssen die Schiffer die Schönheit der Erde erscheinen lassen, wenn anders sie als die Dichter das Wahre sagen sollen. Die Schönheit ist das ursprünglich einigende Eine. Dieses Eine kann nur erscheinen, wenn es als Einigendes auf sein Eines zusammengeführt wird. Das ἕν wird nach Plato nur sichtbar in der συναγωγή, d. h. Zusammenführung. Aber die Dichter *bringen zusammen wie Maler*. Sie lassen im Anblick des Sichtbaren *das Seyn* (die ἰδέα) erscheinen. *Wie Maler* meint nicht, diese Dichter malten das Wirkliche ab. Das Malen hat sein Wesentliches im Entwurf (ὑπόθεσις) des einen Anblicks, in dessen Einheit *das Schöne* sich zeigt. Die Dichter sind, wie die selbe Vorrede sagt, keine »Berichterstatter«, die hinter dem bloßen Wechsel der immer neuen »Tatsachen« herjagen. Der Vergleich der Dichter mit den Malern will keineswegs der »beschreibenden Poesie« das Wort reden. Daß Hölderlin diese zurückweist, zeigt ein Distichon, das unmittelbar nach dem ›Hyperion‹ entstand (III, 6):

> Wißt! Apoll ist der Gott der Zeitungsschreiber geworden,
> Und sein Mann ist wer ihm treulich das Faktum erzählt.

Die Dichter, denen Beruf ist, das Schöne im Entwurf der Schönheit erscheinen zu lassen, wissen, wenngleich nur ahnend, wohin ihre Fahrt geht. Deshalb entziehen sie sich nicht der Ausfahrt über das Meer. Aus der Scheu vor der Quelle schöpfen sie den Mut zur Armut, die sich nicht für zu gut hält, erst den Durchgang durch die Wanderfahrt zu überstehen. Sie fahren

> und verschmähn
> Den geflügelten Krieg nicht,

Geflügelt heißt ihr *Krieg* nach *des Schiffes Flügel*, mit welchem Wort Hölderlin in der Elegie ›Der Archipelagus‹ (IV, 91) die Segel benennt. Der geflügelte Krieg ist der Kampf mit dem

---
* Vgl. »*Wie wenn am Feiertage ...*«

Widrigen der Winde und mit der Ungunst der Wetter. Denn das Meer ist allen Winden offen. Nicht immer ist gute Fahrt und das Eindeutige ihrer Richtung. Unentschieden bleibt manches. Doch dieser Krieg läßt die Möglichkeiten des echten und unechten Reichtums und darin die Richtung zur Quelle hervorkommen, wenngleich er selbst nie seine Quelle ist. Deshalb sind die Schiffer entschlossen,

> Zu wohnen einsam, jahrlang, unter
> Dem entlaubten Mast,

Wie ein langer Winter, in dem die Bäume ohne Laub stehen und die Kräfte und Säfte des Wachstums zurückhalten, so ist die Zeit der Meerfahrt unter dem Mastbaum. Der schwankt mit seinem Holz- und Tauwerk gleich einem entblätterten winterlichen Baum im Sturm. Zur Zeit der Glut des südlichen Feuers aber bietet er keinen Schatten. So *wohnen* die Schiffer fern den schattigen Wäldern der Heimat im Unheimischen als in einem Fremden. Sie wissen, daß die Zeit lang ist, in der das Wahre sich ereignet; *jahrlang* harren sie dort,

> wo nicht die Nacht durchglänzen
> Die Feiertage der Stadt,
> Und Saitenspiel und eingeborener Tanz nicht.

Die Schiffer sind ohne Feiertage. So scheint es, als seien sie ohne jeden Bezug zum Fest in eine festlose Zeit hinausgestoßen. Warum nennt Hölderlin aber eigens die Nacht? Weil die Schiffer auf der Fahrt sie durchwachen. Sofern ihr Wachen überhaupt die Art bestimmt, wie sie die Zeit ihrer Wanderschaft durchharren, erscheint diese Zeit als die Zeit der Nacht. In ihr ist weder das Fremde noch das Heimische schon rein entschieden. Aber dieses Unentschiedene ist nicht nichts. Die Zeit dieser Nacht sinkt nie in die bloße Finsternis zusammen, die jeden Durchlaß versagt. Diese Nacht hat ihre eigene Klarheit; ernst ist sie, ohne die Heiterkeit des ruhenden Spiels, aber doch ruhig wartend, aber noch ohne das Schweben und Schwingen des heimischen Tanzes. Die

Nacht der Wanderschaft der Schiffer, die ausgefahren sind, das Feuer vom Himmel zu erfahren, bleibt die Mutter des Tages, der als Feiertag zum Vortag des Festes bestimmt ist, zu dessen Zeit das ausgeglichene Schicksal verweilen läßt. Die Fahrt der Schiffer ist die Nachtwache für das Schicksal. Die Schiffer sind auf der Fahrt zum Ursprung ihres eigenen Wesens. Deshalb können sie nie Abenteurer werden. Diesem ist das Fremde jeweils das »Exotische«, das er rauschsüchtig durchkostet, um dabei vielleicht den Stoß des Überraschenden und Ausgefallenen zu spüren, das er dann mit dem »Wunderbaren« gleichsetzt. Die Meerfahrt der Schiffer ist edel und nüchtern. Sie erfährt im Fremden den ersten Widerschein des Eigenen, für dessen Aneignung sie erfahrener werden wollen. Der Abenteurer dagegen ist nur im Geschichtsraum des schlechthin Festlosen möglich. Doch hier ist er nur noch der sich selbst nicht kennende Ersatz der Erfahrenden und so die letzte Verwirrung der festlosen Zeit. Die Schiffer dagegen haben die Ortschaft ihres Wesens in der Wanderschaft der Wanderung, die von ihrem Beginn an schon Heimkehr ist. Der dichterische Sinn der Frage *Wo aber sind die Freunde?* erhellt aus der Antwort, die mit der gleichen Strophe sich zu entfalten beginnt. Die Frage fragt: An welchem Ort ihres Wesens sind jetzt die Dichter der kommenden Zeit? Die scheu umschriebene Antwort lautet: Die Einen sind noch auf der Meerfahrt begriffen. Wir kennen sie nicht. Der Andere ist schon heimgekommen. Er beginnt jetzt *zu Hauß* den eigentlichen Gang an die Quelle. Hier ist er der erste Lernende und deshalb noch ohne Gefährten. Das Wort aus der Titanenhymne (IV, 208) weist jetzt in die nächste Zukunft:

Ich aber bin allein.

Dies Wort ist weit entfernt von einer trostlosen Feststellung der leeren Verlassenheit. Es meint das irrelose Wissen, das nur noch das Eigene zu lernen entschieden ist, indem es auf das gefundene Schickliche achtet, das die Eignung hat, die erfahrene Schickung darzustellen. Dies Wort entscheidet, daß jetzt die Dichtung anderer Art sein muß als das Darstellen jener, die *wie Maler* das Schöne zusammenbringen. Weil der Dichter jetzt allein sein muß, kann sogar das gute Gespräch nicht mehr helfen. Eine andere Märzenzeit ist da. Sein Sagen ist anders. Wenn das Alleinsein nicht leere Verlassenheit ist und somit ein Gespräch bleibt, dann hat doch auch das Gespräch jetzt andere Art; denn das gefundene Eigene der Art verbürgt erst das Erblühen des Wesens. Die letzte Strophe des Gedichtes ›Ganymed‹ (IV, 69) deutet alles:

> Der Frühling kömmt. Und jedes, in seiner Art,
> Blüht. Der ist aber ferne; nicht mehr dabei.
> Irr gieng er nun; denn allzugut sind
> Genien; himmlich Gespräch ist sein nun.

Ferne ist der Dichter jetzt nicht mehr der Heimat; er ist nah an der Quell. Aber er ist fern dem Griechenlande und den gewesenen Gesprächen. Die Art des Fernseins jedoch ist das Grüßen. Wollte freilich der Dichter bei seinem Gang an die Quelle nur auf das selbstische Können rechnen, dann *gieng er irr*. Aber er geht nicht irr; denn er kennt jetzt, wie die zweite Strophe des Gedichtes sagt, *der Lüfte geschärfter Spiel*. Sein Hören ist klarer. Sein Sagen ist strenger. Aber er ist nicht der mächtig tönende »Prophet«. Er beginnt nur, den freien Gebrauch des Eigenen zu lernen. Darum muß das Fremde nahe bleiben. Darum behält für die künftigen Dichter die Wanderschaft das Unumgängliche gemäß dem Gesetz des Heimischwerdens. Darum muß er, der allein ist und auf das Eigene denkt, zugleich der Gefährten gedenken (›Die Titanen‹, IV, 208):

> Ich aber bin allein.
> — — — —
> — — und in den Ocean schiffend
> Die duftenden Inseln fragen
> Wohin sie sind?

Auch da, wo Versstücke fehlen, ist der Zusammenhang deutlich. Der Dichter denkt nicht an die Schiffer, um sich durch den Ge-

»Andenken« 139

danken an ihr Fernbleiben in die eigene Einsamkeit hinabzusteigern. Er denkt sein Alleinsein, damit er aus dem Wesen seines vorangehenden geeinzelten Ganges in der Zugehörigkeit zu den Schiffern bleibe und das bestehende Gesetz des Heimischwerdens gut gedeutet werde. Dazu ist nötig, den Beginn und die Aufenthalte der Ausfahrt, den Wendungspunkt zur Heimkehr und den Beginn der Heimkunft zu wissen. Deshalb fragt der Dichter, *wohin sie sind?*

> Nun aber sind zu Indiern
> Die Männer gegangen,

Nun aber — Dies klingt fast wie eine Enttäuschung. Die Schiffer sind doch nicht im gegrüßten Land geblieben, das dichterisch für das Griechenland steht. *Die Männer* — im Entwurf hat Hölderlin geschrieben: *Die Freunde* — sind über dieses hinaus weiter nach Osten *gegangen*, wie vormals der Dichter selbst, der von seiner Wanderung sagt (›Die Wanderung‹, IV, 167):

> Ich aber will dem Kaukasos zu!

Die dichtenden Männer haben sich noch entschiedener von der Heimat entfernt. Die Schiffer müssen noch tapferer sein im Vergessen. Aber kommen sie in der äußersten Entfernung von der Heimat dem Eigenen nicht gerade näher? Gelangen sie bei den *Indiern* nicht an den Ort, wo sich die Ausfahrt in die Kolonie zur Rückkehr an die Quelle wendet? Kann das Denken, das ihre Fahrt leitet, nur darin aufgehen, nicht an die Heimat zu denken?

Nun aber — — — *zu Indiern* — Das ist das Wort der Zuversicht. Am Indus wendet es sich zu Germanien. In einem Hymnenbruchstück, dem N. v. Hellingrath die Überschrift ›Der Adler‹ gegeben hat, heißt es (IV, 223):

> Anfänglich aber sind
> Aus Wäldern des Indus
> Starkduftenden
> Die Eltern gekommen.

Der Stromgeist des Indus hat die Urheimat der Eltern heimisch gemacht und das erste Wohnen gegründet. Im Bereich dieses Stromes sollen die fahrenden Männer Elterliches erfahren, damit sie, heimkommend, erfahrener sind, um die Eltern in ihrem ursprünglich Eigenen zu begrüßen und ihnen für das Bewahren des Ursprungs zu danken, das sie jetzt in der deutschen Heimat erfüllen. Das Hindenken zu den Männern bei den Indiern denkt nur darauf, das Eigene immer eigener wissen zu lernen und in seinem freien Gebrauch geübter zu werden. Dem entspricht in der Umkehrung, daß schon in der Hyperionzeit, wo das Eigene nur erst ahnend gesucht, aber das Schickliche noch nicht gefunden ist, die Fahrt des lernend-lehrenden Mannes in die fernste Ferne drängt. Hyperion schreibt dem Gefährten Bellarmin (II, 102):

> Es ist, als zürnt' ich meinem Adamas, daß er mich
> verließ, aber ich zürn' ihm nicht. O er wollte ja
> wiederkommen! In der Tiefe von Asien soll ein Volk von seltner
> Trefflichkeit verborgen seyn; dahin trieb ihn seine
> Hoffnung weiter.

Die *Weite* dieses *weiter* hat indessen das Unbestimmte des nur Ahnungsvollen verloren. Das »weiter« meint nicht die bloße Ausdehnung eines abenteuerlichen Fahrens in eine noch größere Entfernung. Das Fernste der Ferne ist das *Anfängliche* der Herkunft *der Eltern*. Bei den *Indiern* ist die Ortschaft der Wende der Wanderschaft vom Fremden in das Heimische. Die Fahrt dorthin, wo es sich zu »Germanien« wendet, bringt die Ausfahrt in die Fremde an ihren Entscheidungsort. Damit aber wird das südliche Land, das für das Griechenland steht, seinerseits zum Ausgangsort für die Fahrt zum Ort der Wendung der Wanderschaft. Darum muß der Dichter jetzt den Ort dieser Ausfahrt nicht nur überhaupt nennen. Er muß im betonenden *Dort* die Notwendigkeit, auch von dieser ausgezeichneten Fremde zu scheiden, eigens zugestehen.

> Dort an der luftigen Spiz'
> An Traubenbergen, wo herab

»Andenken« 141

Die Dordogne kommt
Und zusammen mit der prächt'gen
Garonne meerbreit
Ausgehet der Strom.

Noch einmal erscheint das zuvor gegrüßte Land, aber jetzt im Gruß eines Abschieds, der eine gewandelte Wiederkehr in sich trägt. Die *luftige Spiz* läßt neu an »den Luft« und »die Luft« des Nordost denken, der jetzt in seiner unnachsichtigen Schärfe darauf wartet, die Schiffer auf den Weg in die fernste Ferne des »Anfänglichen« zu bringen. Im Offenen des Meeres bereitet sich die letzte Entscheidung der Wende vom Fremden zum Eigenen. Der Reichtum der Quelle beginnt sich zu verschenken. Da müssen die fahrenden Dichter, um das Gewesene im Künftigen zu behalten, *dort* ihr Andenken festgemacht haben, wo alles *zur Märzenzeit* um den *Strom* und seine *langsamen Stege* gesammelt ist und erstmals das *Feuer vom Himmel* erscheint. Während der Dichter noch an die fernen Schiffer denkt und an die Art, wie sie auf ihrer Wanderschaft denken müssen, wird sein eigenes *Andenken,* das indessen aus der Heimkunft die Heimkehr bedenkt, in die Klarheit seines Wesens gehoben.

Nun aber sind zu Indiern / Die Männer gegangen — So spricht jetzt die gelassene Langmut des *einzelnen Mannes,* der seine Vereinzelung als die Wesenserfüllung einer Freundschaft erfährt, die unter den dichtenden Männern einen Ersten fordert, der im Lernen des freien Gebrauchs des Eigenen geopfert wird. Der Dichter weiß in diesem Andenken, daß jeder Ort, der auf der Ausfahrt in die Fremde zum Aufenthalt werden muß, ein Wesensort ist, durch dessen Ortschaft die Wanderschaft ihrem eigenen Beginn entschiedener, will sagen, anfänglicher übereignet wird. Darum kann der Dichter auch nicht einen Ort zur Ungunst des anderen höher schätzen. Gleichwohl bleibt das Land der Griechen in seinem Unterschied zur eigenen Heimat das zuerst Begrüßte und im Abschied der Fahrt zum Wendungsort der Wanderschaft das zuletzt Grüßte. Das Rätsel des Denkens, nach dessen Weise die andenkenden Dichter denken, hat jetzt seine einfache Wesensfülle ausgebreitet. Sie verlangt, daß ihr Einfaches klar geschieden ins Wort komme, damit eine Antwort sei auf die Fragen, in denen die dichtende Besinnung auf das Wesen der Freundschaft der dichtenden Männer schwingt: Welcher Art ist das Andenken, dessen Gedanken im *Krieg* mit dem Meer entspringen und die Schiffer beseelen? Welcher Art ist das Andenken, das den heimgekehrten »Beseeler« begeistert?

Es nehmet aber
Und giebt Gedächtniß die See,

Bei der Ausfahrt auf die See muß die heimische Küste vergessen und das Denken dem fremden Land zugewendet werden. Indem das Meer das Andenken an die Heimat nimmt, entfaltet es zugleich seinen Reichtum. Es führt, wenn sein Offenes durchfahren ist, an die fremde Küste und erweckt hier das Denken an das Fremde, das gelernt werden soll, damit bei der Heimkehr die Aneignung des Eigenen im Darstellen des mitgebrachten und so verwandelten Fremden sich vollende. Die See nimmt so Gedächtnis, indem sie gibt. Allein sie gibt zugleich Gedächtnis, indem sie nimmt. Die auf der Meerfahrt gewährte Zuwendung zum Fremden erweckt im Anblick desselben erst das Denken an das Eigene. Dies jetzt geschenkte Andenken, das vordenkt auf den Gang an die Quelle, läßt aber wieder das Nur-Fremdartige des Fremden vergessen, so daß einzig das auf das Eigene zu verklärte Fremde für dieses behalten wird. Erst weil das Nehmen des Gedächtnisses auch ein Geben und das Geben auch ein Nehmen ist, nehmet aber und gibt Gedächtnis die See. Die Meerfahrt wird durchwaltet von einem Andenken, das an die verlassene Heimat zurück- und an die zu gewinnende vorausdenkt. Dennoch kann dieses Denken der Schiffer nie ein reines Andenken sein, weil es stets ein Vergessen fordert. Wohl trägt auch dieses Andenken schon in das *zu Hauß* zurück und hält die Denkenden in ihm fest.

Und die Lieb' auch heftet fleißige Augen.

»*Andenken*« 143

Das gute Gespräch, an das der Dichter sich zunächst halten möchte, um das Bleibenkönnen im Eigenen zu lernen, läßt hören von *Tagen der Lieb'*. Denn die Liebe ist der Blick für das Wesen des Geliebten, welcher Blick durch dieses Wesen hindurch in den Wesensgrund der Liebenden blickt. Doch dieser Wesensblick unterscheidet sich vom bloßen Beschauen, das im Genuß eines Anblicks sich erschöpft. Das Blicken des Geistes der Liebe bleibt nicht am Anblick haften, sondern heftet sich selbst im Wesen des Geliebten an, um dieses, durch das *fleißige* Blicken, fest in seinen Grund zurückzustellen. Zuerst hat Hölderlin geschrieben (IV, 301):

und
Die Lieb heftet
Die Augen an.

Das anheftende Blicken der Liebe geschieht mit Fleiß, d. h. nicht nur in steter Sorge, sondern »mit Absicht«. Allein diese Absicht ist nicht die Absicht der Berechnung. Sie entstammt dem Absehen des Wesensblickes auf den Wesensgrund der Liebenden. Dieses Absehen heftet alles an den Grund. Das anheftende Denken des Geistes der Liebe ist auch ein Andenken. Die Liebenden denken in das Wesen des Geliebten voraus und müssen doch stets dahin zurückdenken, daß sie selbst sich im zugedachten Wesen halten. Im Andenken der Schiffer und im Andenken der Liebenden kommt jetzt das ursprüngliche Wesen des Andenkens zum ersten Leuchten. Das An-denken ist ein Festmachen, das an ein Festes hindenkt, woran die Denkenden sich halten, um sich in ihrem eigenen Wesen festhalten zu können. Das Andenken befestigt die Denkenden in ihren Wesensgrund. Aber das Denken der Schiffer und das Denken der Liebenden sind beide gleichwohl noch nicht das ursprüngliche Andenken. Mag auch die Liebe einzig an den Wesensgrund der Liebenden denken, ihr Andenken verharrt doch im Umkreis dieser und denkt auf ihre Zugehörigkeit zueinander. Das Denken der Liebe nimmt den Wesensgrund der Liebe in Anspruch. Aber es vermag, für sich genommen als Liebe, diesen Grund selbst nicht als den Grund für das Wohnen aller Lieben einer geschichtlichen Heimat zu gründen. Das Andenken der Schiffer bringt wohl im ständigen Denken an die Fremde und an die Heimat das *Schöne der Erd'* als den Grund alles Seienden zusammen. Aber dieses zusammenbringende Denken auf das Eine geht nicht schon an die Quelle. Dazu müssen die Schiffer erst am Ufer des heimischen Landes festmachen, die Meerfahrt aufgeben und sich aufmachen zum Gang in die Nähe des Ursprungs. Solange sie als Schiffer auf der Fahrt sind, ergründen sie zwar einen Grund. Doch die Wesensorte, die sie erfahren, verwehren ihnen das Bleiben und versagen das, was bleibt.

Was bleibet aber, stiften die Dichter

Was die Liebe in ihrem Wesensblick erblickt, ist ein Bleibendes. Aber das liebende Erblicken ist kein Stiften. Die Art, wie die Schiffer das Eine ergründen, ist ein Stiften. Aber sie stiften nicht, was bleibt. Deshalb stiften sie nicht ursprünglich. Deshalb sind sie noch nicht die Dichter des kommenden Dichtertums. Doch was ist das, *was bleibet?* Worin besteht das ursprüngliche *Stiften?* Das Eine ist ohne das Andere nicht zu denken. In ihrem Bezug jedoch wesen *die Dichter*.

Was bleibet — ist das Bleibende. Wer kennt dies, auch wenn er es nie gefunden, nicht doch aus dem Meinen der Wünsche? Das Bleibende ist das Unveränderliche. Aber dies kann samt seiner Unveränderung in einem Augenblick weggehen. Daher bleibt erst das, was nicht weggeht, weil es nicht vergeht, da es unvergänglich ist. Das Unvergängliche zeigt sich als das Immerwährende. Das Bleiben besteht im Beharren nach dem Sinn der beständigen Anwesenheit. Flüchtig denken wir so das Bleibende und achten kaum darauf, daß sogar das Übrigbleibende eines gerade noch verbleibenden Restes vielleicht auch immer währen könnte. Hier hat dann das Bleiben das Auszeichnende verloren, um deswillen wir das Bleibende herbeiwünschen. Oft auch neh-

»Andenken« 145

men wir das Bleibende als das, was uns, so wie wir sind, aufnehmen soll, so daß wir im Bleibenden vorhanden sind, wie ein Ding in einem selbst dinghaften Behältnis. Das Bleibende sowohl wie uns selbst verrechnen wir als Dinge und halten dabei das Wesen des Bleibens für ausgerechnet und jedem Verstand verständlich. Wenngleich das menschliche Denken diesem Bleibenden immer wieder zuneigt, wenn auch Hölderlin diesem Gedanken des Bleibenden nicht entgeht, wir müssen doch auf das Gedicht selbst und nur auf dieses hören, da es sich im Nennen dessen, *was bleibet*, vollendet. Der Dichter gibt in diesem Schlußwort keine Aufklärung über das, was bleibet. Er nennt das nicht, wonach wir zuerst greifen möchten, den »Inhalt« des Bleibenden. Im Entwurf des Verses hat Hölderlin zuerst geschrieben (IV, 301):

Ein Bleibendes aber stiften die Dichter.

Ein Bleibendes — nicht das Bleibende überhaupt, was unbestimmt und ohne jede Hinsicht gemeint ist. *Ein Bleibendes* ist das Bleibende eines eigenen Bleibens. Kommt solches nicht im Gedicht zum Wort? Der zurückbleibende Dichter läßt das fremde Land grüßen. Aber der Zurückbleibende verharrt nicht in der Starre einer blinden Verlassenheit. Er ruft nach dem, was ihm das Vermögen gibt, in der eigenen Bestimmung zu *ruhen*, d. h. zu bleiben. Dieses Bleiben enthüllt sein Wesen in der Frage: *Wo aber sind die Freunde?* Das Bleiben im Eigenen ist der Gang an die Quelle. Sie ist der Ursprung, dem alles Wohnen der Erdensöhne entspringt. Das Bleiben ist ein Gehen in die Nähe des Ursprungs. Wer in dieser Nähe wohnt, erfüllt das Wesen des Bleibens.

Schwer verläßt
Was nahe dem Ursprung wohnet, den Ort.

Nicht von ungefähr steht dies Wort in der Hymne ›Die Wanderung‹, die mit dem Preisen der heimatlichen Erde anhebt (IV, 167). Das Bleiben ist das kaum Verlassenkönnen des Ursprungsortes. Die Schwere des schwer Verlassens entstammt der Scheu des Ganges an die Quelle, denn die Scheu vor dem Gescheuten ist in diesem schon befestigt. Dann aber muß die Quelle das Feste sein. Sie ist es, weil sie und insofern sie als der Ursprung west. An der Quelle vollendet sich der Reichtum, der im Meer beginnt. Die Quelle ist jedoch der Reichtum erst dann, wenn sie als die Quelle erfahren wird. Das geschieht so, daß sie durch die Wanderschaft in die Fremde zuvor das Ferne wird, dem eine Heimkunft sich nahen kann, wenn sie zur Heimkehr geworden. Aus dem Nahe-kommen muß das Nahe-dem-Ursprung-wohnen selbst entspringen. Dieses Wohnen behält die Art des Nahekommens, gesetzt, daß es weiß (*Reif sind* — — — IV, 71):

> Vieles aber ist
> Zu behalten. Und Noth die Treue,

nämlich zum Wesen des Ursprungs. Denn der Ursprung übertrifft sich im Entspringenlassen und genügt sich selbst nie. Der Ursprung kann aber nur arm an ihm selbst sein, weil er bei allem Entspringenlassen zuvor sich festigt in seinem Wesensgrund. Nur was sich in sich selbst zurückfestigt, vermag aus sich entspringen zu lassen, ohne dadurch sein Wesen zu verlieren. Der Ursprung behält sein Wesen durch dieses Sichfestigen in den Grund, der dadurch erst als ein Grund erlangt wird. Das Sichfestigen des Ursprungs ist ein Erfestigen des Grundes. Im Erfestigen allein besteht das dem Ursprung eigene Feste. Der Ursprungscharakter der Quelle erschöpft sich keineswegs darin, daß sie als verborgener Behälter ein Gewässer abgibt. Das ursprüngliche Quellen der Quelle quillt in ihren Grund zurück. Sie ist nicht nur verborgen durch die Erde, sondern ihr Quellen ist ein sichverbergendes Bergen in den Grund. So bleibt die Quelle am Festen ihres Grundes. Dem Ursprung nahe wohnen heißt daher, seiner Erfestigung in den Grund folgen. Dieses Folgen muß, weil es den Ursprung weder erst macht noch auch nur wie ein Vorhandenes vorfindet, an dieses Feste sich dergestalt halten, daß es den Ursprung in seiner Erfestigung, die

»Andenken« 147

stets ein Entspringenlassen ist, zeigt. Das Zeigen bringt das Gezeigte nahe und hält es doch fern. Das Zeigen nähert sich nur dem Gezeigten. Je wesentlicher die Ferne ist, in der diese Näherung sich hält, um so näher ist das Zeigen dem Gezeigten. Dieses bleibt in dem Grade ferner, als zu ihm selbst ein wesentliches Sichentziehen gehört. Die hierdurch entfaltete fernere Ferne verbürgt aber die wesentlichere Nähe des Zeigens zum Gezeigten. Denn diese Nähe bemißt sich nicht nach einem räumlichen Abstand, sondern nach der Art der Offenheit des Gezeigten und des ihm gemäßen Zeigens. Der Ursprung läßt bei dem in sich zurückgehenden Erfestigen seines Grundes die fernste Ferne entspringen und in dieser die Möglichkeit der reinen, die Ferne aushaltenden Nähe. Der Ursprung läßt sich nur so zeigen, daß dieses Zeigen als die dem Ursprung entsprungene Rückkehr der Wanderschaft in die Näherung zum Ursprung sich einläßt. Dadurch wird das Zeigen im Festen des Ursprungs selbst festgesteckt. Dies heißt: gestiftet. Demnach ist das Stiften das dem Ursprung sich nähernde Bleiben, das bleibt, weil es als der scheue Gang zur Quelle den Ort der Nähe nur schwer verlassen kann. Was dieses Stiften als zeigendes Bleiben stiftet, ist es selbst. Das Bleiben ist hier das Bleibende. Dies Gestiftete kann der Dichter *Ein Bleibendes* nennen. Dies Gestiftete allein ist es, was er als das denkt, *was bleibet*.

Der Versuch einer inhaltlosen Kennzeichnung des Bleibens und des Stiftens scheint dem Schlußwort des Gedichtes zu entsprechen. Das gilt freilich nur so lang, als wir dies Wort vereinzelt nehmen und dabei noch übersehen, daß es bei aller unmittelbaren Unbestimmtheit doch an die Dichter denkt. Sie sind Halbgötter. *Die Quelle* ist die Quelle der Ströme, und zwar der heimatlichen Ströme, deren Stromwesen in den Hymnen ›Am Quell der Donau‹, ›Der Rhein‹, ›Der Ister‹ gedichtet worden. Diese Ströme sind der wesende Geist der Dichter, die zwischen den Menschen und den Göttern stehend, für dieses offene Zwischen erst den Grund ergründen müssen, dem ihr Wesen entspringt. In diesem Offenen allein finden die Götter und die Menschen zueinander, wenn ihnen solches geschickt wird. Dies Offene öffnet sich, wenn das kommt, was über den Menschen und den Göttern ist, indem es hochher kommend erst ein Offenes aufgehen läßt, so daß ein Wahres (Unverborgenes) sein kann. Dies im voraus Öffnende ist das Heilige, das unvordichtbare Gedicht, das zuvor schon alles Dichten überdichtet hat, weil in ihm alles Stiften sein Gestiftetes festmacht. Das Heilige öffnet sich den Menschen und den Göttern zumal, wenn das Fest sich ereignet. In ihm erscheint das Feste, worin der Wesensursprung des Dichters sich erfestigt. Dem Ursprung wohnt der Dichter nahe, indem er das Ferne zeigt, das im Kommen des Heiligen naht. Der Dichter kann dies Kommende erst dann ersehen und so der Zeigende und der Dichter sein, wenn er zumal an das Feuer vom Himmel denkt und dieses Erfahrene zurückbringt in die Notwendigkeit einer Darstellung, die an die Aneignung des eigenen Vermögens denkt. Denn nur deshalb, weil er, andenkend an das Gewesene der Wanderschaft und an das zu Lernende der heimischen Ortschaft, offen ist für das Göttertum und das Menschentum, hat er den zeigenden Blick für das Offene, in dem allein Götter erst zu Gast kommen und Menschen eine Behausung bauen können, innerhalb deren das Wahre ist, an das sie sich festzuhalten vermögen. Der Dichter zeigt dieses Offene des Zwischen, worin er selbst zuerst wohnen muß, dadurch, daß sein Sagen zeigend dem Ursprung folgt und so das Bleiben ist, das sich in das Heilige festigt, das in sein Wort kommen soll. Gestiftet wird erst nur dieses Stiften. Nur wenn dieses Bleibende bleibt, ist das Nahe-dem-Ursprung-wohnen gegründet. Das Stiften ist jetzt *zu Hauß* in seinem Wesen. Das stiftende Wohnen ist das ursprüngliche Wohnen der Erdensöhne, die zugleich die Kinder des Himmels sind. Das sind die Dichter. Ihre Dichtung ist erst nur Stiftung. Diese Dichter stecken erst nur den Baugrund ab und fest, auf dem das Haus gebaut werden muß, in das die Götter zu Gast kommen sollen. Die Dichter *weihn den Boden*. Sie sind nicht die Zimmerleute, die gar schon das Richtfest feiern dürften (›Der Gang aufs Land‹, IV, 113):

»Andenken« 149

Möge der Zimmermann vom Gipfel des Daches den Spruch thun,
Wir, so gut es gelang, haben das Unsre gethan.

Doch warum sollen die Stiftenden, die *das Höchste* zum voraus sagen, nicht auch vordenken an das, was zum Bauen des Hauses gehört, insgleichen an das, was vermag, den Bau zu bewahren und so die Verhältnisse festzuhalten, in die dann Götter und Menschen gekommen sind? Freilich das Festhalten ist anderer Art als das Festmachen. Zu diesem ist das Höchste notwendig, zu jenem das Strengste. Keines vermag das andere zu ersetzen. Deshalb muß im Hinblick auf das Festhalten des Entsprungenen die Kunst zurücktreten. Hölderlin sagt in einem Wort zu dem Pindarfragment, dem er die Überschrift ›Das Höchste‹ gegeben hat, dieses (V, 277):

Die Zucht, sofern sie die Gestalt ist, worin der Mensch sich und der Gott begegnet, die Kirche und das Staatsgesez und anererbte Sazungen (die Heiligkeit des Gottes und für den Menschen die Möglichkeit einer Erkenntniß, einer Erklärung) diese führen gewaltig das gerechteste Recht mit allerhöchster Hand, sie halten strenger, als die Kunst, die lebendigen Verhältnisse fest, in denen, mit der Zeit, ein Volk sich begegnet hat und begegnet.

Wenn aber die *lebendigen Verhältnisse* zuvor nie zum Leben gekommen und entsprungen sind, d.h. wenn sie nicht im Ursprung festgestiftet bleiben und in ihrem Wesensgrund dichterischen Ursprungs sind, dann hat alle Zucht, sie mag so streng sein, wie sie will, nichts Festes, was sie *festhalten* könnte. Es bleibt ihr ohne das Bleibende des Bleibens nahe dem Ursprung nur das Nichts der Leere übrig. Diese Leere betreibt dann nur noch die Einrichtung des Vergessens der letzten Wahrheit, daß selbst das Nichts nicht west ohne das Sein.

Das stiftende Wohnen nahe dem Ursprung ist das ursprüngliche Wohnen, worin das Dichterische erst gegründet wird, auf dessen Grunde dann die Erdensöhne wohnen sollen, wenn anders sie *dichterisch wohnen auf dieser Erde*. Das Dichten *der Dichter* ist jetzt das Stiften des Bleibens. Das Bleiben west als das ursprüngliche *Andenken*. Dies denkt nicht nur zugleich an Gewesenes und an Kommendes, sondern es denkt an das, von wo aus das Kommende erst gesagt und wohin zurück das Gewesene geborgen werden muß, damit dies Fremde selbst ein Eigenes sein kann im angeeigneten Eigentum. Das Andenken denkt an die Ortschaft des Ursprungsortes im Denken an die Wanderschaft der Wanderung durch die Fremde. Das Andenken denkt an die Quelle aus dem Denken an das durchfahrene Meer, in das die Quelle zuvor als der Strom ausgegangen. Der Stromgeist trägt die Quelle ins Meer und bringt dieses zurück zur Quelle, die jetzt erst im rückwärts gehenden Strom als die Quelle sich offenbart. Das Strömen des Stromes stiftet das Bleiben. Dies Bleibende bereitet den geschichtlichen Ort, an dem heimisch zu werden das Menschentum der Deutschen erst lernen muß, um, wenn es die Zeit ist, in einer Weile des ausgeglichenen Schicksals verweilen zu können. Nur wer zurückgegangen ist in jenes Bleiben, wird stark genug sein für dieses Verweilen. Die dichterische Wahrheit des Andenkens wird verbürgt im *Gehen* der Ströme. Nie vergegenwärtigt das Andenken bloß den schon bekannten Ursprung. Aber es schafft ihn auch nie. Wohl aber macht sich dieses Denken, ihn zeigend, im Wesensgrund der Dichtung fest, indem es ihrem Wesen in den Ursprung folgt und durch diese Folge selbst das Dichten ist. *Andenken* ist das dichterische Bleiben im Wesen des schicklichen Dichtertums, das im festlichen Geschick der künftigen Geschichte der Deutschen feiertäglich seinen Stiftungsgrund zeigt. Das Geschick hat den Dichter in das Wesen dieses Dichtertums geschickt und ihn zum Erstlingsopfer ausersehen. In solcher Schickung ist der Dichter ursprünglich gegrüßt. Der also Gegrüßte begrüßt den Nordost, der den Dichter in die Klarheit des Heimischen stellt und die Gunst ist für die fahrenden Schiffer. Durch den Nordost steht der Eine der Freunde mit den Anderen in derselben Luft. Deshalb kann der Zurückbleibende das ferne Land durch den selben Wind grüßen lassen, der ihm das Eigene weist. Der Grüßende bleibt aber zurück, weil das Wesen des Gegrüßten durch den Gruß

»Andenken«

des Heiligen ein Bleiben geworden ist. Sein Bleiben wird im Wort des Gedichtes *Andenken* gestiftet. Das Gedicht »drückt« nicht »Erlebnisse« des Dichters »aus«, sondern nimmt den Dichter hinein in den als Gedicht eröffneten Bezirk seines Wesens. Das Gedicht birgt den verwunderten Dank für das Wunderbare, vom Heiligen gegrüßt und so in das Stiften gerufen zu sein. Das dichtende Verwundern entfaltet den gestuften Reichtum der Berufung, die, zum Bleiben bestimmt, treppenweise eine Stufe berührt, um sie auch schon zugunsten der nächsten zu verlassen, ohne die verlassene doch zu vergessen. Diese Fuge des wandernden Heimischwerdens im Eigenen ist dichterisch gefügt in das *aber*, das dem Gedicht den verborgenen Ton gibt:

Der Nordost wehet — — — —
  Geh aber nun — — — —
    Noch denket das mir wohl — — — —
      Im Hofe aber wächset ein Feigenbaum — — — —
        Es reiche aber — — — —
          Wo aber sind die Freunde? — — —
            Es beginnet nemlich der Reichtum — — — —
              Nun aber sind — — — —
                Es nehmet aber — — — —
                  Was bleibet aber
                  stiften die Dichter.

›Andenken‹ ist eine einzige in sich gefügte Fuge des *aber*, die das Wort des Rätsels nennt, als welches *das Reinentsprungene* im Ursprung bleibt. Dichten ist Andenken. Andenken ist Stiftung. Das stiftende Wohnen des Dichters weist und weiht dem dichterischen Wohnen der Erdensöhne den Grund. Ein Bleibendes kommt ins Bleiben. Andenken ist. Der Nordost wehet.

HÖLDERLINS ERDE UND HIMMEL

> VORTRAG, gehalten bei der Tagung der Hölderlin-Gesellschaft in München am 6. Juni 1959 im Cuvilliés-Theater der Residenz.
>
> WIEDERHOLT am 14. Juli 1959 bei der Bibliotheksgesellschaft Stuttgart im Blauen Saal der Liederhalle.
>
> WIEDERHOLT am 27. November 1959 für das Studium Generale der Universität Freiburg i. Br. in der Aula.
>
> WIEDERHOLT am 18. Januar 1960 in der Neuen Aula der Universität Heidelberg.

Vorbemerkung zum Vortrag in München

Bei Immanuel Kant steht irgendwo dem Sinne nach folgende Bemerkung: Es ist leicht, etwas zu entdecken, nachdem einem gezeigt worden, wohin man sehen soll.
Ein Zeigender solcher Art bleibt für uns alle im Hinblick auf Hölderlin Norbert v. Hellingrath, dessen Bild heute vormittag durch eine meisterliche Zeichnung Gegenwart wurde.

Vorbemerkung zum Vortrag in Stuttgart

Inzwischen ist die Frage laut geworden, ob Hölderlin den Philologen oder den Philosophen gehöre. Er gehört weder den einen noch den anderen, auch nicht beiden. Dieses Entweder-Oder läßt, wie immer man es entscheiden mag, den maßgebenden Sachverhalt außer acht. Inwiefern? Insofern nicht dies

Hölderlins Erde und Himmel

nach Klarheit verlangt, wem von uns Hölderlin gehöre, sondern allein dies, ob wir im gegenwärtigen Weltalter es vermögen, dem Gedicht Hölderlins zu gehören.

Dem allein gilt unser Nachdenken. Es ist ein Versuch, unser gewohntes Vorstellen in eine ungewohnte, weil einfache, denkende Erfahrung umzustimmen. (Die Umstimmung in die denkende Erfahrung der Mitte des unendlichen Verhältnisses —: aus dem Ge-Stell als dem sich selbst verstellenden Ereignis des Gevierts.)

Den einzig wahren Weg in die Größe des Hölderlinschen Gedichtes gibt es nicht. Jeder der mannigfaltigen Wege ist als ein sterblicher — ein Irr-weg.

Wenn es wahr ist, was Paul Valéry vom Gedicht sagt:»Das Gedicht — dieses ausgehaltene Zögern zwischen Klang und Sinn«, dann ist das Hören auf das Gedicht und gar das Vordenken in ein Hören noch zögernder als das Gedicht selbst. Indes hat solches Zögern seine eigene und hohe Bestimmtheit; es ist kein bloßes Schwanken.

Vorbemerkung zum Vortrag in Freiburg i. Br.

An dieser Stelle ist ein Vorwort nötig zu dem, was im folgenden zu sagen versucht wird. Der Titel des Vortrags lautet:»Hölderlins Erde und Himmel«. Dazu haben Sie einen Text vor sich, dessen Überschrift ›Griechenland‹ heißt.

So könnte es sich um eine Auslegung des Gedichtentwurfes handeln aus der Absicht, dadurch Hölderlins Vorstellungen von Erde und Himmel darzulegen. Dies wäre ein berechtigtes Vorhaben. Es ergäbe vielleicht einen Beitrag zur Hölderlinforschung.

Doch im Vergleich damit hat der folgende Vortrag Anderes im Sinn, etwas Vorläufiges: *eine Sache des Denkens*. Ob und wie dadurch Hölderlins Dichtung als Dichtung uns dann im Wesen trifft, bleibe offen.

Es gilt, einen Versuch zu wagen, unser gewohntes Vorstellen in eine ungewohnte, weil einfache, denkende Erfahrung umzustimmen. Der Bereich aber, worin diese Umstimmung spielt, ist der eines dichterischen Sagens aus einem Dichtertum, das wir am Leitfaden von literarischen und ästhetischen Kategorien nie begreifen können.

In welchem Sinne Hölderlin das Dichtertum — nicht nur sein eigenes — erfährt, lassen wir uns durch Bettina v. Arnim sagen. Auf dem Grunde der 1804 erschienenen Anmerkungen Hölderlins zu seinen Sophokles-Übersetzungen deutet Bettina v. Arnim gegen Ende des ersten Teiles der ›Günderode‹ Hölderlins Bestimmung des Dichtertums in folgenden Sätzen:

Und so habe den Dichter der Gott gebraucht als Pfeil, seinen Rhythmus vom Bogen zu schnellen, und wer dies nicht empfinde und sich [nicht] dem schmiege, der werde nie weder Geschick noch Athletentugend haben zum Dichter, und zu schwach sei ein solcher, als daß er sich fassen könne, weder im Stoff, noch in der Weltansicht der früheren, noch in der späteren Vorstellungsart unsrer Tendenzen, und keine poetischen Formen werden sich ihm offenbaren. Dichter, die sich in gegebene Formen einstudieren, die können auch nur den einmal gegebenen Geist wiederholen, sie setzen sich wie Vögel auf einen Ast des Sprachbaumes und wiegen sich auf dem, nach dem Urrhythmus, der in seiner Wurzel liege, nicht aber fliege ein solcher auf als der Geistesadler, von dem lebendigen Geist der Sprache ausgebrütet.

(Bettina v. Arnim, Sämtliche Werke, ed. W. Oehlke, Bd. II, S. 345)

Griechenland *

O ihr Stimmen des Geschiks, ihr Wege des Wanderers
Denn an der [Augen] Schule Blau,

---

* Dritte Fassung, gedruckt nach StA II, S. 257 f. Die beiden in eckigen Klammern stehenden Verse sind der zweiten Fassung entnommen; die gleichfalls eckig eingeklammerten Worte »Augen« und »sichere« sind in den Lesarten verzeichnet.

Fernher, am Tosen des Himmels
Tönt wie der Amsel Gesang
Der Wolken [sichere] heitere Stimmung gut
Gestimmt vom Daseyn Gottes, dem Gewitter.
Und Rufe, wie hinausschauen, zur
Unsterblichkeit und Helden;
Viel sind Erinnerungen. Wo darauf
Tönend, wie des Kalbs Haut
Die Erde, von Verwüstungen her, Versuchungen der Heiligen
Denn anfangs bildet das Werk sich
Großen Gesezen nachgehet, die Wissenschaft
Und Zärtlichkeit und den Himmel breit lauter Hülle nachher
Erscheinend singen Gesangeswolken.
Denn fest ist der Erde
Nabel. Gefangen nemlich in Ufern von Gras sind
Die Flammen und die allgemeinen
Elemente. Lauter Besinnung aber oben lebt der Aether. Aber
An reinen Tagen   [silbern
Ist das Licht. Als Zeichen der Liebe
Veilchenblau die Erde.
[Aber wie der Reigen
Zur Hochzeit,]
Zu Geringem auch kann kommen
Großer Anfang.
Alltag aber wunderbar zu lieb den Menschen
Gott an hat ein Gewand.
Und Erkenntnissen verberget sich sein Angesicht
Und deket die Lüfte mit Kunst.
Und Luft und Zeit dekt
Den Schröklichen, daß zu sehr nicht eins
Ihn liebet mit Gebeten oder
Die Seele. Denn lange schon steht offen
Wie Blätter, zu lernen, oder Linien und Winkel
Die Natur
Und gelber die Sonnen und die Monde,
Zu Zeiten aber
Wenn ausgehn will die alte Bildung

Der Erde, bei Geschichten nemlich
Gewordnen, muthig fechtenden, wie auf Höhen führet
40 Die Erde Gott. Ungemessene Schritte
Begränzt er aber, aber wie Blüthen golden thun
Der Seele Kräfte dann der Seele Verwandtschaften sich zusammen,
Daß lieber auf Erden
Die Schönheit wohnt und irgend ein Geist
45 Gemeinschaftlicher sich zu Menschen gesellet.

Süß ists, dann unter hohen Schatten von Bäumen
Und Hügeln zu wohnen, sonnig, wo der Weg ist
Gepflastert zur Kirche. Reisenden aber, wem,
Aus Lebensliebe, messend immerhin,
50 Die Füße gehorchen, blühn
Schöner die Wege, wo das Land

HÖLDERLINS ERDE UND HIMMEL

Erde und Himmel — die Wendung nennt einen Bezug. Das Bindewort »und« spricht ihn zwar aus, sagt jedoch nicht, was der Bezug ist und wie er sein kann, ob er für sich besteht, ob er weither kommt. In diesem Fall müßte er in ein reicheres Verhältnis gehören, aus dem auch Erde und Himmel erst ihre Bestimmung empfangen.
Hölderlin sagt uns davon. Wir möchten es hören. Wir versuchen dies, indem wir einem Gedichtentwurf nachdenken, der ›Griechenland‹ überschrieben ist. Indes können wir Menschen als die Sterblichen nur hören, wenn wir dem, was sich uns zusagen möchte, von uns her etwas vorsagen. Das Vorgesagte braucht das Zugesagte nicht zu übertreffen, muß ihm jedoch entgegenkommen. Darum sind wir daran gehalten, von dem her, was uns im gegenwärtigen Weltalter angeht, auf das Gedicht zu hören. Gerade dann spricht der Dichter selbst, klar unterschieden, aus seinem Eigenen zu uns.

Hölderlins Erde und Himmel

Der vorliegende Gedichtentwurf ›Griechenland‹ stammt aus späterer Zeit, da Hölderlins Wanderschaft in ihre Ruhe, ins Eigene des Hesperischen, d. h. des Abendländischen eingekehrt ist. Wie aber dann noch »Griechenland«, das Hölderlin selbst »das Morgenländische« nennt? Wenn Hölderlin jedoch inständiger als je zuvor so spät noch das Griechenland ruft, dann muß er zuletzt in eine äußerste Zuneigung zu ihm gelangt sein.
Daß sich dies begab und *wie* es sich vorbereitete, davon spricht ein gewaltiges Zeugnis zu uns. Es ist ein Brief. Hölderlin hat ihn vermutlich im Spätherbst des Jahres 1802, nachdem er während des Frühlings aus Südfrankreich in die Heimat zurückgekehrt war, aus Nürtingen an seinen Freund Böhlendorff geschrieben. (Hell. V², S. 327 ff.; StA VI, Nr. 240; VI, S. 1086 ff.)

Der Brief lautet:

Mein Theurer!

Ich habe Dir lange nicht geschrieben, bin indeß in Frankreich gewesen und habe die traurige einsame Erde gesehn; die Hirten des südlichen Frankreichs und einzelne Schönheiten, Männer und Frauen, die in der Angst des patriotischen Zweifels und des Hungers erwachsen sind.
Das gewaltige Element, das Feuer des Himmels und die Stille der Menschen, ihr Leben in der Natur, und ihre Eingeschränktheit und Zufriedenheit, hat mich beständig ergriffen, und wie man Helden nachspricht, kann ich wohl sagen, daß mich Apollo geschlagen.
In den Gegenden, die an die Vendée gränzen, hat mich das wilde kriegerische interessirt, das rein männliche, dem das Lebenslicht unmittelbar wird in den Augen und Gliedern und das im Todesgefühle sich wie in einer Virtuosität fühlt, und seinen Durst, zu wissen, erfüllt.
Das Athletische der südlichen Menschen, in den Ruinen des antiquen Geistes, machte mich mit dem eigentlichen Wesen der Griechen bekannter; ich lernte ihre Natur und ihre Weisheit kennen, ihren Körper, die Art, wie sie in ihrem Klima wuchsen, und die Regel, womit sie den übermüthigen Genius vor des Elements Gewalt behüteten.
Diß bestimmte ihre Popularität, ihre Art, fremde Naturen anzunehmen und sich ihnen mitzutheilen, darum haben sie ihr Eigentümlich-individuelles, das lebendig erscheint, so fern der höchste Verstand im griechischen Sinne Reflexionskraft ist, und diß wird uns begreiflich,

wenn wir den heroischen Körper der Griechen begreifen; sie [die Popularität der Griechen] ist Zärtlichkeit, wie unsere Popularität*.
Der Anblik der (des?) Antiquen hat mir einen Eindruk gegeben, der mir nicht allein die Griechen verständlicher macht, sondern überhaupt das Höchste der Kunst, die auch in der höchsten Bewegung und Phänomenalisirung der Begriffe und alles Ernstlichgemeinten dennoch alles stehend und für sich selbst erhält, so daß die Sicherheit in diesem Sinne die höchste Art des Zeichens ist.
Es war mir nöthig, nach manchen Erschütterungen und Rührungen der Seele mich vestzusezen, auf einige Zeit, und ich lebe indessen in meiner Vaterstadt [Hölderlin hat erst nach der Rückkehr aus Frankreich den Tod Diotimas erfahren].
Die heimathliche Natur ergreift mich auch um so mächtiger, je mehr ich sie studire. Das Gewitter, nicht blos in seiner höchsten Erscheinung, sondern in eben dieser Ansicht, als Macht und als Gestalt, in den übrigen Formen des Himmels, das Licht in seinem Wirken, nationell und als Prinzip und Schiksaalsweise bildend, daß uns etwas heilig ist, sein Drang im Kommen und Gehen, das Karakteristische der Wälder und das Zusammentreffen in einer Gegend von verschiedenen Karakteren der Natur, daß alle heiligen Orte der Erde zusammen sind um einen Ort und das philosophische Licht um mein Fenster ist jezt meine Freude; daß ich behalten möge, wie ich gekommen bin, bis hieher!
Mein Lieber! ich denke, daß wir die Dichter bis auf unsere Zeit nicht commentiren werden, sondern daß die Sangart überhaupt wird einen andern Karakter nehmen, und daß wir darum nicht aufkommen, weil wir, seit den Griechen [die »das Vaterländische versäumet« Hell. IV, S. 264], wieder anfangen, vaterländisch und natürlich, eigentlich originell zu singen.
Schreibe doch nur mir bald. Ich brauche Deine reinen Töne. Die Psyche unter Freunden, das Entstehen des Gedankens im Gespräch und Brief ist Künstlern nöthig. Sonst haben wir keinen für uns selbst; sondern er gehöret dem heiligen Bilde, das wir bilden. Lebe recht wohl.

Dein H.**

* Diese Stelle, an der schon N. v. Hellingrath ein Schreibversehen vermutete, ergänzt Ad. Beck (StA VI, S. 1089), wie mir scheint treffend, so: »sie ist Zärtlichkeit, wie unsere Popularität Nüchternheit«.

** Manche von Ihnen sind darüber unterrichtet, wie dieser Brief und zumal der ein Jahr früher an den selben Freund unmittelbar *vor* der Wanderung

Hölderlins Erde und Himmel 159

Viele Tage und günstige Stunden bräuchte es, um diesem Brief auf eine schickliche Weise nachzusinnen. Wir achten jetzt nur, und alles in der nötigen Kürze, auf drei Sachverhalte. Sie gehören zusammen.
Einmal bedenken wir, daß und wie Hölderlin jetzt erst »mit dem eigentlichen Wesen der Griechen bekannter« wird.
Zum andern bedenken wir den Ort, an dem angekommen, der Dichter die Wege seiner Wanderschaft ins Gedächtnis verwahrt, achten zugleich auf das Licht, worin solches Andenken sich bewegt.
Schließlich bedenken wir Hölderlins Wort über »das Höchste der Kunst«.
All dies jedoch nur aus der einen und vorbereitenden Absicht, hörender zu werden für das, was der Gedichtentwurf ›Griechenland‹ von Erde und Himmel und ihrem Bezug sagt. Wir blei-

nach dem südlichen Frankreich geschriebene im Zusammenhang der Erörterung dessen angeführt werden, was man »die abendländische Wendung« Hölderlins genannt hat, und was Hölderlin selber, wohl anderes meinend, unter dem Namen »die vaterländische Umkehr« bedenkt. Hölderlins Rede vom »Vaterländischen« und »Nationellen« müssen wir freilich nach dem Sinn seines Denkens hören und d. h. sie aus unseren geläufigen verengten Vorstellungen lösen. Das »Vaterländische« meint den Bezug des Landes zum Vater als dem obersten Gott, meint dieses lebensspendende »Verhältniß«, worin der Mensch, indem er ein »Geschik« hat, steht. Insgleichen meint das »Nationelle« das Land der Geburt (nasci, natura), wie es als Anfang das Bleibende bestimmt:

      das meiste nemlich
  Vermag die Geburt,
  Und der Lichtstral, der
  Dem Neugebornen begegnet.

Die vierte Strophe der Rheinhymne enthält eine Vordeutung auf den Sinn der erwähnten Namen. Hölderlins Besinnung auf die »vaterländische Umkehr« und das »Nationelle« bleibe hier außer acht; keineswegs nur deshalb, weil manches darin noch schwer zu deuten und das Ganze in seinem Sinn nicht eindeutig entschieden ist, sondern weil Hölderlin dasjenige Stadium seines Weges, das er unter dem Titel »vaterländische Umkehr« durchdenkt, zuletzt hinter sich gelassen, indem er es verwunden hat. Genau dies sagt uns die Tatsache, daß es dieses späte Gedicht ›Griechenland‹ gibt — freilich nur in Entwürfen.

ben dabei in der Gefahr, daß wir uns verhören. Sie ist so wesentlich und groß, daß kein Besserwissenwollen sie beseitigt.
»Das Athletische der südlichen Menschen, in den Ruinen des antiquen Geistes« zeigt Hölderlin das eigentliche Wesen der Griechen deutlicher. Hölderlin erfährt »das Athletische« nicht abgesondert für sich, sondern im Element des antiken Geistes. Das griechische Zeitwort ἀθλέω heißt: kämpfen, ringen, fassen und tragen. Griechisch gedacht, bringt das Athletische alles miteinander Ringende wechselweise zum Vorschein und Behalt. Das Athletische ist das heldisch »Kriegerische« im Sinne des πόλεμος, jenes Kampfes, den Heraklit als die Bewegung denkt, in der und für die Götter und Menschen, das Freie und das Knechtische ins Scheinen ihres Wesens herauskommen. Das Athletische des »heroischen Körpers« ist weder das bloß Sinnliche noch das Plastische. Es ist das Scheinen des Geistes, der sich in sein körperhaftes Maß und seine Gestalt herausringt und darin sich faßt.
»Der höchste Verstand im griechischen Sinne« ist »Reflexionskraft«, das heißt hier: das Vermögen, alles zurückscheinen zu lassen, was rein in ihm selber scheint und dadurch anwest. Das in solchem Scheinen Anwesende aber ist das Schöne. Beide, das Athletische und die Reflexionskraft, sind die in sich einigen Weisen, die Schönheit zum Scheinen zu bringen. Darum kann Hölderlin schreiben, das eine sei nur in eins mit dem anderen begreiflich. Sie gehören zusammen in dem, was Hölderlin die »Zärtlichkeit« nennt. Sie macht den Grundzug der »Popularität« der Griechen, d.h. ihres einheimischen Wesens aus. Wir werden das Wort »Zärtlichkeit« zusammen mit dem, was Reflexionskraft meint, im Gedichtentwurf ›Griechenland‹ wieder hören.
Das Wort »Zärtlichkeit« hat bis in das 18. Jahrhundert und so auch für Hölderlin einen hohen, weitreichenden, unsentimentalen Sinn.
Hölderlin nennt das Griechenland in einer späteren Fassung von ›Patmos‹ (StA II, S. 180) »das Jugendland der athletischen

Hölderlins Erde und Himmel 161

Augen«. Ihr Blick ist wie jeder echte Blick geistig und leuchtet im Körperhaften. Die Augen er-blicken das Scheinende nur insofern, als sie von diesem zuvor schon be-schienen und angeblickt sind. Die »athletischen Augen« erblicken die Schönheit. Sie ist die griechisch erfahrene Wahrheit, nämlich die Entbergung des von sich her Anwesenden, der φύσις, jener Natur, in der und aus der die Griechen lebten. Hölderlins höhere Erkenntnis des eigentlichen Wesens der Griechen ist der eine Sachverhalt, von dem der Brief spricht.

Den anderen, davon unzertrennlichen, enthält Hölderlins Hinweis auf den Ort, aus dem her die jetzt erst erlangte eigentliche Erkenntnis des griechischen Wesens genannt wird.

»Daß alle heiligen Orte der Erde zusammen sind um einen Ort... ist jezt meine Freude.« Durch den Ort, den der Dichter jetzt bewohnt, wird ihm die Erde neu zur Erde. Sie birgt und trägt als der Bau der Himmlischen das Heilige, d. h. die Sphäre des Gottes. Die Erde ist nur Erde als die Erde des Himmels, der nur Himmel ist, indem er auf die Erde hinabwirkt. Seine Erscheinungen, von der höchsten, dem Blitz, bis zu den »übrigen Formen« sind in den voranstehenden Sätzen des Briefes erwähnt. Blitz ist das selbe Wort wie Blick. Im Blick ist Dasein. Das Gewitter heißt darum das »Daseyn Gottes«. Erde und Himmel und die im Heiligen verborgenen Götter, alles ist für die still-freudige Stimmung des Dichters im Ganzen der ursprünglich aufgehenden Natur gegenwärtig. Sie erscheint ihm in einem besonderen Licht.

»und das philosophische Licht um mein Fenster ist jezt meine Freude.« Dieses Licht ist jene Helle, die im Vermögen des Zurückscheinenlassens, in der Reflexionskraft, alles Anwesende mit der Helligkeit des Anwesens begabt. Das Besondere dieses Lichtes, daß es das »philosophische« ist, stammt, was schon sein Name φιλοσοφία verrät, aus dem Griechenland. Hier hat sich die Wahrheit des Seins als die scheinende Entbergung des Anwesenden anfänglich gelichtet. Hier ist die Wahrheit die Schönheit selbst gewesen.

Im Hinblick darauf klärt sich der dritte Sachverhalt, der aus dem Brief hervorgehoben werden soll. Der folgende Satz nennt ihn:

Der Anblik der Antiquen hat mir einen Eindruk gegeben, der mir nicht allein die Griechen verständlicher macht, sondern überhaupt das Höchste der Kunst, die auch in der höchsten Bewegung und Phänomenalisirung der Begriffe und alles Ernstlichgemeinten dennoch alles stehend und für sich selbst erhält, so daß die Sicherheit in diesem Sinne die höchste Art des Zeichens ist.

Die Kunst ist als das zeigende Erscheinenlassen des Unsichtbaren die höchste Art des Zeichens. Grund und Gipfel solchen Zeigens wiederum entfalten sich im Sagen als der dichtende Gesang.

Für die Griechen aber ist nun das zu Zeigende, d. h. das von ihm selbst her Scheinende, also das Wahre: die Schönheit. Darum braucht es die Kunst, das dichtende Wesen des Menschen. Der dichterisch wohnende Mensch bringt alles Scheinende, Erde und Himmel und das Heilige, in den für sich stehenden, alles verwahrenden Vorschein, bringt es in der Gestalt des Werkes zum sicheren Stehen. »Alles stehend und für sich selbst erhalten« — heißt: stiften.

So spricht denn Hölderlins Brief nicht nur *über* Griechenland. Dieses selbst kommt im Scheinen von Erde und Himmel, im Heiligen, das den Gott verhüllt, im dichtend-denkenden Menschenwesen auf ihn zu, auf ihn an dem einen Ort, wo seine dichterische Wanderschaft die Ruhe gefunden hat, um hier alles in das Andenken zu verwahren.

Wenngleich die Einheit des Ganzen von Erde und Himmel, Gott und Mensch im Brief ungesagt bleibt, wir sehen schon dies eine deutlicher: Erde und Himmel und ihr Bezug gehören in ein reicheres Verhältnis. Es überrascht nicht mehr, daß dem, was sich im Brief vorbereitet, spät noch ein Gesang folgt, der ›Griechenland‹ heißt und der dieses reichere Verhältnis in das stiftende Wort bringen möchte.

Hölderlings Erde und Himmel

Vermutlich um dieselbe Zeit mit diesem Entwurf ist ein anderer aufgezeichnet. Er trägt keine Überschrift. Der nachträglich beigegebene Titel ›Der Vatikan‹ führt irre. Diese Dichtung bricht in die folgenden Verse ab (StA II, S. 253, v. 45 ff.):

> Vollendruhe. Goldroth. Und die Rippe tönet
> Des sandigen Erdballs in Gottes Werk
> Ausdrüklicher Bauart, grüner Nacht
> Und Geist, der Säulenordnung, wirklich
> Ganzem Verhältniß, samt der Mitt,
> Und glänzenden

Wir achten jetzt nur auf die Worte »wirklich / Ganzem Verhältniß, samt der Mitt« und verstehen sie *vermutungsweise* als den Namen für jenes Ganze von Erde und Himmel, Gott und Mensch. Wir dürfen dieses »ganze Verhältniß«, in das Erde und Himmel und ihr Bezug gehören, im Anhalt an die ›Philosophischen Fragmente‹ Hölderlins aus seiner ersten Homburger Zeit, das »zartere unendliche Verhältniß« nennen. Die Bestimmung »*un*-endlich« ist hier im Sinne der spekulativen Dialektik Schellings und Hegels zu denken.

Un-endlich besagt, daß die Enden und Seiten, die Gegenden des Verhältnisses nicht abgeschnitten, einseitig für sich stehen, sondern der Einseitigkeit und Endlichkeit enthoben, *un*-endlich zueinander gehören im Verhältnis, das sie »durchgängig« aus seiner Mitte zusammenhält. Die Mitte, die so heißt, weil sie mittelt, ist weder die Erde, noch der Himmel, weder der Gott, noch der Mensch. Das hier zu denkende Un-endliche ist abgründig verschieden vom bloß Endlosen, das wegen seiner Gleichförmigkeit kein Wachstum zuläßt. Dagegen kann das »zartere Verhältniß« von Erde und Himmel, Gott und Mensch un-endlicher werden. Denn das Nicht-Einseitige kann reiner aus der Innigkeit zum Vorschein kommen, in der die genannten Vier zueinander gehalten werden.

Bedenken wir so das zum Brief Gesagte, dann schenkt uns Hölderlins Brief, was auch wir brauchen: »Das Entstehen des Gedankens«, jenes Gedankens nämlich, den wir dem Gesang ›Griechenland‹ vordenken müssen, um aus ihm zu hören, wie der Dichter Erde und Himmel be-singt, d. h. dichtend ruft.

Der Gesang ›Griechenland‹ hebt an:

O ihr Stimmen des Geschiks, ihr Wege des Wanderers

Der erste Entwurf beginnt: »Wege des Wanderers!«. Der Zeilenraum davor ist noch freigelassen. Denn Hölderlin weiß zum voraus, daß die Wege anderswo- und weither bestimmt sind. Wer ist der Wanderer? Vermutlich der Dichter selbst. Aber nun ist er doch an seinem Ort angekommen. Die Wanderschaft ist zu Ende. Dann bleibt der Anruf »ihr Wege des Wanderers« ein Andenken an die gegangenen Wege des Dichtens. Allein solche Wege enden nicht dadurch, daß sie aufhören. Die Wege enden, indem sie ruhen, dies aber dadurch, daß sie sich sammeln im Gesang der Ruhe der Vollendung. Der Gesang jedoch verweilt in einem steten Wandern und Reisen, das immerfort seine Schritte mißt im Metrum der Versfüße, im Maß des dichtenden Sagens. Die Wege solcher Reisenden sind noch schöner als die sonst unternommenen Fahrten. Schöner sind die dichtenden Wege, weil das Land, das sie durchziehen und so erst zu einem wegsamen bilden, der Bereich der Schönheit ist, worin das unendliche Verhältnis zum Scheinen kommt. Der Entwurf ›Griechenland‹ endet in die Verse (48 ff.):

..........Reisenden aber, wem,
Aus Lebensliebe, messend immerhin,
Die Füße gehorchen, blühn
Schöner die Wege, wo das Land

Hier bricht der Entwurf jäh ab; zufällig oder weil die Landschaft des unendlichen Verhältnisses sich dem Dichter, ihn überwältigend, eigentlicher geöffnet hat, weil das Griechenland jetzt in seinem Eigensten dem Dichter nahekommt und zwar in der Weise, wie es der so überschriebene Gesangentwurf singt?

Hölderlins Erde und Himmel

Überhören wir indes nicht das »aber« in V. 48: »Reisenden aber.....«. Der Wanderer, d. h. der Dichter, wird unterschieden gegen das, was die unmittelbar voraufgehenden Verse sagen (46 ff.):

> Süß ists, dann unter hohen Schatten von Bäumen
> Und Hügeln zu wohnen, sonnig, wo der Weg ist
> Gepflastert zur Kirche.

Der Dichter weiß vom Glück jener, die auf dem festgemachten Weg zur Kirche hin und her gehen dürfen. Dieser Weg ist nicht der seine. Hölderlin verleugnet aber auch nicht die Nachbarschaft zum »Kirchthurm«, der »in lieblicher Bläue blühet mit dem metallenen Dache«.

Aus solcher Nachbarschaft kommt ein später Gesang. Allein auch er ist noch eine Wanderung. Sie geht bis zu den »Myrthen«, die »es in Griechenland giebt«, bis zum »König Oedipus, der ein Auge zuviel vielleicht hat«, zum »Sohn Laios«, »dem armen Fremdling in Griechenland«. Dieser Gesang schließt:

> Leben ist Tod, und Tod ist auch ein Leben.

Demgemäß wird die im Entwurf V. 49 genannte »Lebensliebe« Tieferes bergen. Sie schließt den Tod ein. Indem der Tod kommt, entschwindet er. Die Sterblichen sterben den Tod im Leben. Im Tod werden die Sterblichen *un*-sterblich.

»..... ihr Wege des Wanderers« — ihnen vorauf gehen die »Stimmen des Geschiks«. Was heißt hier »Geschik«? Wenn je, dann fassen wir es nur, wenn wir darauf achten, wie das Geschick genannt ist. »O ihr Stimmen des Geschiks«. Stimmen? Sie tönen. Die Elegie ›Brod und Wein‹ frägt in ihrer vierten Strophe: »und wo tönet das große Geschik?« Gedacht ist an das zu Beginn dieser Strophe gerufene »Seelige Griechenland«, dem und darin das große Geschick tönte.

Wohindurch tönen die »Stimmen des Geschiks«? Was tönt? Die Verse 2 ff. sagen:

> Denn an der Augen Schule Blau,
> Fernher, am Tosen des Himmels

> Tönt wie der Amsel Gesang
> Der Wolken heitere Stimmung gut
> Gestimmt vom Daseyn Gottes, dem Gewitter.

Das Tönende ist der Himmel. Seine Stimme ist die heitere Stimmung der Wolken. Was die Wolken ins Aufgeschlossene stimmt, ist gerade jenes, was sie in sich bergen: die »höchste Erscheinung des Gewitters«, den Blitz, den Donner, den Sturm und die Pfeile des Regens. Darin verbirgt sich die Anwesenheit des Gottes. Wenngleich die Gewitterwolken den Himmel verhüllen, gehören sie zu ihm und zeigen die Freude des Gottes. Daher sind die Wolken »gut gestimmt«, d. h. in ihrer rechten Bestimmung.

Im Entwurf steht zuerst »der Wolken sichere Stimmung«. Das Sichere meint hier das securum, das sorglos Ruhige. Weil in die eigene Bestimmung gestimmt, nämlich die »lautere Hülle« des Himmels zu sein, durch die er tönt, sind die Wolken bei allem Tosen ruhig.

Der Himmel tönt. Es ist eine der Stimmen des Geschicks. Eine andere Stimme ist die Erde. Auch sie tönt (V. 9 ff.):

> .... Wo darauf
> Tönend, wie des Kalbs Haut
> Die Erde,

Wie das Fell der geschlagenen Trommel auf seine Weise donnernd die Trommelschläge widerhallt, so tönt auf die Schläge des Blitzes und des »Pfeilenregens« (Griechenland, I. Fassung, StA II, S. 254,6) hin die Erde wider. Das Tönen der Erde ist das Echo des Himmels. Im Widerhall erwidert die Erde dem Himmel ihren eigenen Gang.

Ein spätes Bruchstück sagt (StA II, S. 334):

> Immer, Liebes! gehet
> Die Erd und der Himmel hält.

Wohin geht die Erde und auf welchen Wegen?

> .... Wo darauf
> Tönend, wie des Kalbs Haut

Hölderlins Erde und Himmel

Die Erde......... (V. 9 ff.)
Großen Gesezen nachgehet, die Wissenschaft
Und Zärtlichkeit..... (V. 13 f.)

Die Erde »gehet großen Gesezen nach«. Die hier genannten »Geseze« sind die *νόμοι* im Sinne der Weisungen des großen Geschicks, das weist und schickt, wohin Jegliches nach seinem Wesen gebraucht ist. Ungeschrieben, weil unschreibbar, bestimmen sie den unendlichen Zusammenhang des ganzen Verhältnisses. Es sind, wie Hölderlin schon in den Homburger ›Philosophischen Fragmenten‹ (Hell. III, S. 261) vermerkt, die Gesetze, »von denen Antigonä spricht«. Sophokles, Antigone 456/57:

οὐ γάρ τι νῦν γε κἀχθές, ἀλλ' ἀεί ποτε
ζῇ ταῦτα, κοὐδεὶς οἶδεν ἐξ ὅτου 'φάνη.

Nicht von heut denn und von gestern, doch während je und je
Aufgehet sie (die Weisung) und keiner hat dorthin
Geschaut, von wo aus sie ins Scheinen kam.

Die Erde schickt sich in die großen Gesetze. Auf welchen Wegen? Sie sind genannt (V. 13 f.): »Die Wissenschaft und Zärtlichkeit«. »Die Wissenschaft«, das Wort, schlichthin gesagt wie hier, ist im Sinne des Lehrers Fichte und des Freundes Hegel gemeint: »Die Wissenschaft« ist das Denken der Denker, das seinen Namen und mit ihm sein Wesen aus dem Griechenland empfangen hat. Die Helle des Denkens bestimmt »das Licht um das Fenster«, durch das der Dichter »hinausschaut«.

»Und Zärtlichkeit« — Wir hörten das Wort im Brief an Böhlendorff. Die Zärtlichkeit zeichnet die »Popularität« der Griechen aus. Die popularitas ist das Vermögen der höchsten Zuneigung zu dem, und der äußersten Mitteilung an das, was als das Fremde ein Volk in seinem Einheimischen geschicklich trifft. Die Popularität der Griechen ist Zärtlichkeit. In ihr gehören das Athletische des heroischen Körpers und die Reflexionskraft zusammen. Die Zärtlichkeit, ihr erfreuend-reichendes und zugleich einfach-empfangendes Wesen, hält mit der Wissenschaft, dem denkenden Zurückscheinenlassen, die Erde dem Himmel offen. Beide bilden den Bezug der Erde zum Himmel und sind dadurch zugleich himmlisch.

Einer der ›Nachtgesänge‹, der unter dem Titel ›Thränen‹ das Griechenland singt und der Entstehungszeit nach zwischen den Brief an Böhlendorff und den Entwurf zu ›Griechenland‹ fällt, beginnt:

> Himmlische Liebe! zärtliche! wenn ich dein
> Vergäße, wenn ich, o ihr geschiklichen,
>   Ihr feur'gen, die voll Asche sind und
>   Wüst und vereinsamet ohnediß schon,
>
> Ihr lieben Inseln, Augen der Wunderwelt!
> Ihr nemlich geht nun einzig allein mich an,
>   (StA II, S. 58; Hell. IV, S. 70)

Die Erde tönt, gestimmt in das »Echo des Himmels«. Sie tönt durch »die Wissenschaft und Zärtlichkeit«, die, erdig beide, dem Geschick entsprechen. In welcher Sprache? Erst tönt der Himmel. Darauf tönet die Erde. Und nachher? Die Verse 14 ff. sagen:

> ..... und den Himmel breit lauter Hülle nachher
> Erscheinend singen Gesangeswolken.

Die Gesangeswolken singen »nachher erscheinend«. Wo und wie erscheinen sie nachher, nach ihrem Tönen am Himmel, nach dem Widertönen der Erde? Nachher kann dieses Singen nur der Gesang sein, der von der Erde her den Himmel ruft und so himmlisch-irdisch zugleich ist. V. 7 f.:

> Und Rufe, wie hinausschauen, zur
> Unsterblichkeit und Helden;

Das Rufen der Sänger ist ein Hinausschauen zur Unsterblichkeit, d. h. zur Göttlichkeit, die sich ins Heilige birgt. Die Rufe sind wie ein Hinausschauen, hinaus von der Erde in die Weite des Himmels. Wundersame Selbigkeit von Schauen und Rufen im irdischen Gesang der Sänger. Doch sie entspricht nur der

Selbigkeit von Blick und Stimme des Himmels. Dieser ist als der tönende »der Augen Schule Blau«. Das nach den Stimmen des Geschicks ausblickende Rufen geht bei der Bläue des Himmels in die Schule. Im Entwurf ›Kolomb‹ (StA II, S. 242) sagt Hölderlin:

> und es ist noth,
> Den Himmel zu fragen.

Der Augen Schule Blau ist es, von woher die »Augen der Wunderwelt«, die Inseln des Griechenlandes, »ihre Helden und Heiligen« im Gegenblick das Geschickliche lernen. In der dritten Strophe des Nachtgesanges ›Thränen‹ singt Hölderlin:

> Denn allzudankbar haben die Heiligen
> Gedienet dort in Tagen der Schönheit und
> Die zorn'gen Helden;*

Die zur Unsterblichkeit hinausschauenden Rufe sind die Rufe der Berufenen. Diese empfangen im »Dichterberuf« die Bestimmung zum Gesang. Die also Rufenden werden dadurch selber zu einer Stimme des Geschicks. Ihre »Liebe zur Unsterblichkeit«, d.h. zur Göttlichkeit »ist eines Gottes«. (›Was ist Gott?‹, StA II, S. 210, 6 ff.) Solche Liebe gehört dem Gott, bleibt jedoch ein Fremdes, darein er sich so wie in die Gesangeswolken schickt. Denn auch der Gott steht noch unter dem Geschick. Der Gott ist eine der Stimmen des Geschicks. Von Gott heißt es im Gedicht ›Was ist Gott?‹

> Jemehr ist eins
> Unsichtbar, schiket es sich in Fremdes.

Es schicket sich: d.h. es fügt und bringt sich in Fremdes. Darum kann das schauende Rufen der Sänger das Angesicht des Gottes selbst nicht erblicken. Der Sänger ist blind. Der Gott west

---

* (Anmerkung bei der Korrektur.) Die Anführung dieser dritten und zuvor der ersten Strophe von ›Thränen‹ sollte zugleich der bewußt nicht ausgesprochenen Absicht dienen, dem V. 11 »von Verwüstungen her, Versuchungen der Heiligen« einen Hinweis auf seine mögliche Erläuterung mitzugeben, die manche Hörer des Vortrages vermißten.

nur an, indem er sich verbirgt. Darum muß die Art, wie der blinde Sänger im Gesang den Gott sagt, eine Kunst sein, die ihm die Augenlider deckt. Der Gedanke, den das Dichten des Sängers bildet, gehört dem heiligen Bilde, d.h. dem Anblick des Heiligen, das den Gott verbirgt. Aber der Gesang, der von der Erde aus zum Himmel ruft, wäre nicht Stimme ohne die Stimme des Gottes, die jedoch die Menschen vor dem »Schröklichen« (V. 30) schont. Daß der Gott »alltag« und »weit umher« sich zeigt, indem er für das rufende Schauen sich in die Verdeckung schickt, ist das Wunderbare *dieser* Stimme des Geschicks. V. 25 ff.:

> Alltag aber wunderbar zu lieb den Menschen
> Gott an hat ein Gewand.
> Und Erkenntnissen verberget sich sein Angesicht
> Und deket die Lider mit Kunst.

Nach der Handschrift und nach der Sache dürfte in V. 28 statt »Lüfte« oder »Bilder« oder gar »Liebe« eher »Lider« zu lesen sein. Hölderlin meint die Augenlider jener Augen, deren Schule die Bläue des Himmels ist.

Vier Stimmen sind es, die tönen: Der Himmel, die Erde, der Mensch, der Gott. In diesen vier Stimmen versammelt das Geschick das ganze unendliche Verhältnis. Doch keines der Vier steht und geht einseitig für sich. Keines ist in diesem Sinne endlich. Keines ist ohne die anderen. *Un*-endlich halten sie sich aneinander, sind, was sie sind, aus dem *un*-endlichen Verhältnis, sind dieses Ganze selbst.

Erde und Himmel und ihr Bezug gehören demnach in das reichere Verhältnis der Vier. Diese Zahl wird von Hölderlin nicht eigens gedacht und nirgends gesagt. Gleichwohl sind die Vier überall für all sein Sagen zuvor aus der Innigkeit ihres Zueinander erblickt. Sie sind schon gezählt im ursprünglichen Sinne der Erzählung der »alten (kaum gehörten) Sage« ihres Zusammengehörens. »Vier« nennt keine gerechnete Summe, sondern die aus sich her einige Gestalt des un-endlichen Verhältnisses der Stimmen des Geschicks. Und dieses selber? Was sagen uns seine

Stimmen vom Geschick? Es schickt die Vier zueinander, indem es sie, das ganze Verhältnis, bei sich versammelt hält. Dann wäre vermutlich das Geschick »die Mitt«, die mittelt, insofern sie die Vier allererst in ihr Zueinandergehören ermittelt, sie in dieses schickt. Das Geschick holt die Vier in seine Mitte zu sich ein, nimmt sie an sich, fängt sie an in die Innigkeit. Unter der Überschrift ›Gestalt und Geist‹ sagt Hölderlin: »Alles ist innig« (StA II, S. 321; Hell. IV², S. 381). Als die Mitte des ganzen Verhältnisses ist das Geschick der alles versammelnde An-fang. Die Mitte ist als das tönende große Geschick der große Anfang.

Doch auf welche Weise *ist* ein Anfang? Anfang ist anwesend, sofern er im Kommen bleibt. Denn das Ermitteln, das die Vier in die Mitte der Innigkeit versammelt, ist ein erstes Kommen. Anfang bleibt als Ankunft. Der Anfang ist um so bleibender, je näher er sich in der Möglichkeit hält, daß er kommen kann und in seinem Kommen das bringt und schickt, was er bei sich hält: das unendliche Verhältnis. Dann muß aber dem Kommen des großen Anfangs auch ein Großes entsprechen, das ihn groß zu fassen, d. h. zuvor groß zu erwarten vermag.

Doch Hölderlin sagt es anders (V. 23/24):

> Zu Geringem auch kann kommen
> Großer Anfang.

Wo ist das Geringe? Wir müssen es dort suchen, von woher Hölderlin ruft, hinausschauend durch das philosophische Fenster. Es ist der eine Ort, an dem für ihn alle heiligen Orte versammelt sind.

In dem Hymnenentwurf, der beginnt:

> Wenn aber die Himmlischen haben
> Gebaut, still ist es
> Auf Erden, und wohlgestalt stehn
> Die betroffenen Berge. (StA II, S. 222, 1 ff.)

sagt Hölderlin:

> Jezt aber blüht es
> Am armen Ort.

> Und wunderbar groß will
> Es stehen.   (V. 18 ff.)

Jetzt, nachdem der große Aufruhr des anfänglichen Bauens gestillt ist, »anfangs das Werk sich gebildet« (V. 12) hat, jetzt, da jener Bau steht, von dem es heißt (StA II, S. 723):

> aus der Tiefe gehohlt,
> Und gebaut von oben herab.

Es ist der Bau des unendlichen Verhältnisses. Jetzt »blüht es am armen Ort«. Blühen ist das freudig-wartende Bereiten von Reife und Frucht. Das unendliche Verhältnis wartet dem entgegen, daß es einmal am armen Ort groß stehe und so dem großen Anfang entspreche. Ein anderer gleichzeitiger Hymnenentwurf überdeckt mit seinen Zeilen, wie Fr. Beißner feststellte, das »Keimwort« des Ganzen, das lautet: »Ein heimlicher Ort« (vgl. die V. Strophe von ›Germanien‹). Gehört der »eine Ort«, den der Dichter in seinem heimischen Land gefunden, als der arme (und heimliche) in jenes Geringe, zu dem »auch großer Anfang kommen kann«? Wie aber kommt dieser?
Die beiden Verse, die dem Wort vom Kommen des großen Anfangs voraufgehen, enthalten die Antwort:

> Aber wie der Reigen
> Zur Hochzeit,

Das klingt befremdend. Der Reigen soll das Große und die Hochzeit das Geringe sein? Man möchte das Umgekehrte meinen! Das Befremdende wächst noch, wenn wir bedenken, daß dieses »Aber wie...« keinen bloßen Vergleich einleitet, sondern die lautere Sache selbst sagt: nämlich die Weise, wie großer Anfang auch zu Geringem kommen kann. Dann wäre doch die Hochzeit das Geringe. Sofern dann zu ihr anderes kommt, sie in das Kommende verwiesen bleibt, gehört auch die Hochzeit in das Kommen. Sie selber ist Kommendes. Hölderlin sagt von ihr am Beginn der 13. Strophe der Rheinhymne (StA II, S. 147, 180):

> Dann feiern das Brautfest Menschen und Götter,

Hölderlins Erde und Himmel 173

Die Braut ist die Erde, zu der das Lied des Himmels kommt. So sagt es der späte Entwurf (StA II, S. 253, 44):

Dann kommt das Brautlied des Himmels.

Die Hochzeit ist das Ganze der Innigkeit von: Erde und Himmel, Menschen und Göttern. Sie ist Fest und Feier des un-endlichen Verhältnisses. Die Hochzeit kommt erst »dann«. Wann ist die Zeit dieses »dann«? Welcher Art ist seine Zeit? Sie entzieht sich jeder Berechnung. Solche Zeit zeitigt sich für das Erwarten im hinausschauenden Rufen. Zeit meint hier stets die rechte Zeit, wann es die Zeit ist: der geschichtliche Augenblick. Er hat sein eigenes »dann«. Wie ist es dann, wenn es still ist auf Erden, wenn der große Anfang zu Geringem gekommen? Hölderlin sagt es (V. 19 bis 22):

.... Lauter Besinnung aber oben lebt der Aether. Aber silbern
An reinen Tagen
Ist das Licht. Als Zeichen der Liebe
Veilchenblau die Erde.

Dann ist »Vollendruhe. Goldroth«. Golden sind die offenstehenden »gelberen Sonnen und Monde«. Und »roth«? Ist es jenes »Roth«, wodurch von der Erde her das Blau des Himmels für die Erde zum Veilchenblau wird? Dieses wäre dann in der Sphäre des Leuchtens das Echo zur Augen-Schule Blau.
Die reinen Tage sind ohne den drohenden Aufruhr der Gewitterwolken. Das Dasein Gottes verhüllt sich nicht in einem Dunkel. Verhüllender noch als dieses ist die hellste Helle. In ihrer Heiterkeit sinnt oben der Gott dem Geschick des unendlichen Verhältnisses nach, indem er »Unzeitiges Wachstum« »hasset« (StA II, S. 225, 94 ff.). Schon die Griechen wußten es, daß die Helle noch verhüllender ist als das Dunkel.
Wie kann nun aber solche Vollendungsruhe des unendlichen Verhältnisses das Geringe heißen? Gering ist das verstärkte Wort für »ring«, was das Leichte, Geschmeidige, Fügsame bedeutet: das Kleine im Unterschied zum Großen. Doch klein heißt ur-

sprünglich »fein« und kostbar, wie es noch das Wort Kleinod sagt. Nun wird Hölderlin die Hochzeit von Erde und Himmel, welche die Götter und die Menschen feiern, nicht als das Geringe im Sinne des Geringschätzigen verstehen. Denn »groß« will es doch stehen, was am armen Ort blüht. Das Geringe wird erst zum Geringen, zum Kostbaren, was zuletzt zu kosten ist, im Kommen des großen Anfangs. Dieser kommt jedoch in der Weise des Reigens.

So wenig wir das im Entwurf gesagte »Geringe« geringschätzig vorstellen dürfen, so sehr müssen wir dem Wort »Reigen« jenen Reichtum lassen, dadurch es dasselbe nennen kann wie die Rede vom großen Anfang. Der Reigen ist der griechische χορός, der festlich singende, den Gott feiernde Tanz: χοροῖς τιμᾶν Διόνυσον (Euripides, Bakchen 220). So spricht Hölderlin in einer Lesart zur Ode ›Dichtermuth‹ (StA II, S. 532, 33) vom »Mänadischen Reigen«. Indes entspricht solcher Reigen nur deshalb dem Gott, weil die Himmlischen selbst in Chören, »eine heilige Zahl« beisammen sind (›Friedensfeier‹ V. 105 ff.). Der Reigen ist das trunkene Zueinander der Götter selbst im himmlischen Feuer der Freude. Nur von daher können die Wolken, die heitere, sichere Stimmung des Daseins Gottes, Gesangeswolken sein. Die Titanenhymne singt (Hell. IV², S. 209, 47 ff.; StA II, S. 850, 22 ff.):

> Wenn aber ist angezündet
> Der geschäfftige Tag
> Und rein das Licht und trunken
> Die Himmlischen sind
> Vom Wahren, daß ein jedes
> Ist, wie es ist,

Nur als der Reigen der Himmlischen, die aus ihrem Feuer *auf* die Erde und die Irdischen *zu* tanzen im Gesang, kann der Reigen groß und als der große der aufgehende Anfang des großen Geschicks sein. Wir vermögen den Reichtum des in einfacher Scheu gesagten Wortes »Reigen« nicht auszuschöpfen. Denn es nennt den Reichtum selber, nämlich dessen, was kommen möchte. In der Titanenhymne heißt es (V. 20 ff.):

> Denn lang schon wirken
> Die Wolken hinab
> Und es wurzelt vielesbereitend heilige Wildniß.
> Heiß ist der Reichtum. Denn es fehlet
> An Gesang, der löset den Geist.
> Verzehren würd' er
> Und wäre gegen sich selbst,
> Denn nimmer duldet
> Die Gefangenschaft das himmlische Feuer.

Wie hier »der Reichtum« gemeint ist, sagt das Gedicht, das vermutlich um die Zeit des angeführten Briefes an Böhlendorff entstand, niedergeschrieben auf der Rückseite eines Briefes der Diotima vom 5. März 1800:

> Was ist der Menschen Leben   ein Bild der Gottheit.
> Wie unter dem Himmel wandeln die Irrdischen alle, sehen
> Sie diesen. Lesend aber gleichsam, wie
> In einer Schrift, die Unendlichkeit nachahmen und den Reichtum
> Menschen. Ist der einfältige Himmel
> Denn reich? Wie Blüthen sind ja
> Silberne Wolken. Es regnet aber von daher
> Der Thau und das Feuchte. Wenn aber
> Das Blau ist ausgelöschet, das Einfältige, scheint
> Das Matte, das dem Marmelstein gleichet, wie Erz,
> Anzeige des Reichtums.   (StA II, S. 209)

Durch den Gesang ins Freie zur Erde gerufen, muß dieses Feuer als der große Anfang kommen zu Geringem. »Jezt komme, Feuer!« hebt der Istergesang an. Das Kommende aber ist nicht der Gott für sich genommen. Das Kommende ist das ganze un-endliche Verhältnis, in das mit dem Gott und mit den Menschen Erde und Himmel gehören. Das Kommen des großen Anfangs erbringt erst das Geringe in sein Geringes. Dieses ist — auf seine gewandelte Weise — selber das un-endliche Verhältnis und gehört an den armen, heimlichen Ort im heimischen Gefild des Dichters.

Das Geringe ist das Abendländische. Das Griechenland aber, das Morgenländische, ist der möglicherweise kommende große Anfang. Das Geringe *ist* jedoch nur, indem es das *wird*, zu dem großer Anfang kommen kann. Kann er noch kommen? Ist das Abendländische noch? Es ist Europa geworden. Dessen technisch-industrieller Herrschaftsbezirk überzieht schon die ganze Erde. Diese wiederum ist bereits als Planet in den interstellaren kosmischen Raum eingerechnet, der zum geplanten Aktionsraum des Menschen bestellt wird. Erde und Himmel des Gedichtes sind entschwunden. Wer wagte zu sagen wohin? Das un-endliche Verhältnis von Erde und Himmel, Mensch und Gott scheint zerstört. Oder ist es *als* dieses un-endliche Verhältnis noch niemals rein gefügt in unserer Geschichte aus der Versammlung des stimmenden Geschicks erschienen, noch nie Gegenwart geworden, noch nie als das Ganze gestiftet ins Höchste der Kunst? Dann könnte es auch nicht zerstört, sondern im äußersten Fall nur verstellt und in seinem Erscheinen verweigert sein. Dann stünde es mit bei uns, dieser Verweigerung des un-endlichen Verhältnisses nachzudenken. Einer Sache nachdenken heißt: diese sich sagen lassen, auf sie hören, wo von ihr gesagt ist, nämlich im Gedicht Hölderlins für uns im gegenwärtigen Weltalter.

Unmittelbar nach dem ersten Weltkrieg (1919) veröffentlichte Paul Valéry einen Brief unter dem Titel ›La crise de l'esprit‹. Er stellt darin zwei Fragen:

> Dieses Europa, wird es das werden, *was es in Wirklichkeit (en réalité) ist,* d. h. ein kleines Kap des asiatischen Kontinents? Oder wird dieses Europa vielmehr das bleiben, *als was es erscheint (ce qu'elle paraît),* d. h. der kostbare Teil der ganzen Erde, die Perle der Kugel, das Gehirn eines weiträumigen Körpers?

Vielleicht ist Europa schon geworden, was es ist: ein bloßes Kap, als dieses jedoch zugleich das Gehirn des ganzen Erdkörpers, jenes Gehirn, das die technisch-industrielle, planetarisch-interstellare Rechnung bewerkstelligt. Weil dem so ist und weil, was auf solche Weise ist, nicht bleiben kann, dürfen wir den beiden Fragen Paul Valérys vielleicht eine dritte folgen lassen. Sie frägt nicht über Europa hinweg, sondern in seinen Anfang zurück. Sie könnte so lauten: Muß Europa als dieses Kap und Gehirn erst zum Land eines Abends werden, aus dem ein anderer Morgen des Weltgeschicks seinen Aufgang vorbereitet? Die Frage klingt anmaßend und willkürlich. Sie hat jedoch ihren Anhalt: einmal in einer Wesenstatsache, zum anderen in einer Wesensvermutung.

Die Tatsache enthält dieses: Der gegenwärtige planetarisch-interstellare Weltzustand ist in seinem unverlierbaren Wesensanfang durch und durch europäisch-abendländisch-griechisch. Die Vermutung aber denkt auf dieses: Was sich wandelt, vermag dies nur aus dem gesparten Großen seines Anfangs. Demgemäß kann der gegenwärtige Weltzustand einen wesenhaften Wandel oder auch schon dessen Vorbereitung nur aus seinem Anfang empfangen, der unser Weltalter geschicklich bestimmt. Es ist der große Anfang. Zu ihm gibt es freilich keine Rückkehr. Gegenwart als uns Entgegenwartendes wird der große Anfang nur in seinem Kommen zum Geringen. Dieses Geringe kann aber auch nicht mehr in seiner abendländischen Vereinzelung verbleiben. Es öffnet sich den wenigen anderen großen Anfängen, die mit ihrem Eigenen in das Selbe des Anfangs des un-endlichen Verhältnisses gehören, worin die Erde einbehalten ist.

Doch wir Menschen dieses Weltalters sind vermutlich nicht einmal im Geringen und Dürftigen jenes Bedürfens, aus dem die Vier des unendlichen Verhältnisses einander rufen. Wir sind kaum im Notdürftigen. Seine Not besteht darin, daß die Sterblichen sie nicht erblicken und dessen nicht achten, wie das möglicherweise Kommende für uns kommender wird, je weiter wir vor ihm zurücktreten. Doch wohin könnten wir zurücktreten? In die erwartende Zurückhaltung. Sie ist in sich zugleich das vordenkende Vermuten. Solche Zurückhaltung kommt dem

Kommenden dadurch zuvor, daß sie zu erfahren versucht, was gegenwärtig *ist*.
Wenn wir in den Gedichtentwurf ›Griechenland‹ zurückhören, dann zeigt sich: Das Erscheinen des unendlichen Verhältnisses als eines einigen Ganzen bleibt verweigert. Darum vermögen wir es kaum, die »Stimmen des Geschiks« aus ihrer Einheit zu hören.
Was sich uns verweigert, geht uns dadurch gerade auf eine eigene Weise an. Solcher Angang trifft den Menschen heute und überall in einer noch selten bedachten Herausforderung. Der Mensch dieser Erde ist nämlich durch die unbedingte Herrschaft des Wesens der modernen Technik samt dieser selbst herausgefordert, das Ganze der Welt als einen einförmigen, durch eine letzte Weltformel gesicherten und von daher berechenbaren Bestand zu bestellen. Die Herausforderung zu solchem Bestellen verfügt alles in einen einzigen Fortriß. Dessen Machenschaft ebnet das Gefüge des unendlichen Verhältnisses ein. Das Zueinander der vier »Stimmen des Geschiks« tönt nicht mehr. Die Herausforderung in das rechnende Bestellen von allem, was ist und sein kann, *verstellt* das un-endliche Verhältnis. Mehr noch: Die in der Herrschaft des Wesens der modernen Technik waltende Herausforderung hält allem zuvor Jenes im Unerfahrbaren, von woher die verfügende Gewalt der Herausforderung ihre Schickung empfängt. Was ist dies?
Es ist die Mitte des ganzen unendlichen Verhältnisses. Sie ist das reine Geschick selber. Das Unheimliche umkreist den Erdball, daß jetzt das Geschick den Menschen dieses Weltalters *unmittelbar* trifft, nicht erst durch ein Tönen seiner Stimmen. Tonlos geht das Geschick den Menschen an — eine rätselhafte Art von Stille. Der Mensch wird sie vermutlich noch lange Zeit hindurch überhören. So kann er dem Geschick der Verweigerung noch gar nicht entsprechen. Er weicht ihm vielmehr aus durch die immer hoffnungsloseren Versuche, mit seinem sterblichen Willen die Technik meistern zu wollen.

Hölderlins Erde und Himmel

Sobald wir uns mühen, dem nachzudenken, erwacht eine Vermutung, es könnte in der Gewalt jener Herausforderung, d. h. in der unbedingten Wesensherrschaft der modernen Technik, das Verfügende einer Fuge walten, aus der sich und durch die sich das ganze un-endliche Verhältnis in sein Vierfältiges fügt. Die lautlose Stimme dieser Fügung hören wir am schwersten. Denn dafür müßten wir zur Vorbereitung erst wieder lernen, eine ältere Sage zu hören, in der einst das große Geschick des Griechenlandes tönte. Wir müßten jeder alltäglichen Erfahrung vorausnehmen und in sie einbeziehen, was Heraklit im Fragment 54 sagt:

Ἁρμονίη ἀφανὴς φανερῆς κρείσσων.
Fuge, die ihr Erscheinen versagt, ist höheren Waltens
als eine, die zum Vorschein kommt.[a]

Insofern wir dieses alles bedenken, könnten wir dem Gedicht Hölderlins, d. h. dem Geringen, darin er am einen Ort wohnt, ein Gering-Fügiges vorausdenken. Umgestimmt auf diesen Gedanken, könnten wir hörender werden für den Gesang, der unter der Überschrift ›Griechenland‹ den großen Anfang ruft in seinem möglichen Kommen zum Geringen.
Es ist die Hochzeit von Erde und Himmel, da die Menschen und »irgend ein Geist«, d. h. ein Gott, gemeinschaftlicher die Schönheit auf der Erde wohnen lassen. Die Schönheit ist das reine Scheinen der Unverborgenheit des ganzen unendlichen Verhältnisses samt der Mitte. Die Mitte aber *ist* als das mittelnd Fügende und Verfügende. Sie ist die ihr Erscheinen sparende Fuge des Verhältnisses der Vier.
Seit dem Aufgang des großen Anfangs — Aufgang ist φύσις, »die Natur« — hat sich das ganze Verhältnis zum Kommen be-

[a] Sonderdruck aus: Hölderlin-Jahrbuch 1958-1960: Dieses Wort des vorplatonischen Denkers Heraklit enthält den entscheidenden Wink, wie wir alles griechische Wesen, die Natur, den Menschen, Menschenwerk und die Gottheit erfahren müssen; alles Sichtbare aus dem Unsichtbaren – alles Sagbare aus dem Unsäglichen – alles Scheinen aus dem Sichverbergen. Das Sichverbergende ist dem griechischen Wesen näher als das Unverborgene; dieses lebt von jenem.

reitet. Die Schönheit ist ins Werk gerufen, um alles in sein unversehrliches Eigenes zu entlassen und zu bergen. In den Versen 32—45 singt der Entwurf ›Griechenland‹:

.... Denn lange schon steht offen
Wie Blätter, zu lernen, oder Linien und Winkel
Die Natur
Und gelber die Sonnen und die Monde,
Zu Zeiten aber
Wenn ausgehn will die alte Bildung
Der Erde, bei Geschichten nemlich
Gewordnen, muthig fechtenden, wie auf Höhen führet
Die Erde Gott. Ungemessene Schritte
Begränzt er aber, aber wie Blüthen golden thun
Der Seele Kräfte dann der Seele Verwandtschaften sich zusammen,
Daß lieber auf Erden
Die Schönheit wohnt und irgend ein Geist
Gemeinschaftlicher sich zu Menschen gesellet.

Dieses An-denken der Vollendungsruhe ist der Gedanke, der »dem heiligen Bilde gehöret«, das Hölderlin mit den dichtenden Freunden »bilden« möchte. Aber Hölderlin weiß auch, wie das Geringe zum Großen sich verhält (Bruchstück einer späten Fassung von ›Patmos‹, StA II, S. 181, 146 f.):

Schwer ists aber
Im Großen zu behalten das Große.

Doch vielleicht ist das von Hölderlin dichterisch erfahrene Geringe schon zum Großen bestimmt, worin das mögliche Kommen des großen Anfangs gehütet bleibt bis zum letzten Augenblick des rufenden Hinausschauens zur »Augen Schule Blau«.
Im Jahr seines Todes sagt Hölderlin ein Gedicht in den verschwiegenen Bereich des unendlichen Verhältnisses hinaus. Es ist eines jener Gedichte, deren eintönige, fast zwanghafte Tonart manches Ohr stört. Norbert v. Hellingrath sagt in seiner 1915 gehaltenen Rede »Hölderlins Wahnsinn« von diesen Gedichten, sie seien »nur noch wundersames Fortspielen des Wohllautes der

wiederberuhigten Seele«. Das jetzt gemeinte Gedicht nennt die Menschen in ihrem Bezug zur Natur, die wir im Sinne Hölderlins als Jenes denken müssen, was *über* die Götter und Menschen ist, dessen Walten jedoch die Menschen bisweilen doch auszustehen vermögen.
Das Gedicht nennt »die alte Sage«, das Sichzeigen des großen Anfangs. Dieser ist. Seine Gegenwart west an »weit umher« um den einen Ort; und dies »mit Geistigkeit«, d. h. mit Göttlichkeit, die selber im Heiligen wohnt. Alle heiligen Orte sind versammelt. Das Gedicht vertraut in seinen Schlußzeilen auf die »Menschheit«. Nach damaligem Sprachgebrauch meint das Wort Menschheit nicht das All aller Menschen, sondern, wie Freiheit das Wesen des Freien, sagt Menschheit das Wesen des Menschen. Dieses Wesen ist gebraucht in das »lebendige Verhältniß und Geschik«, d. h. in »das Leben«.
Das Gedicht trägt die Überschrift ›Griechenland‹ und die Unterschrift Scardanelli; ein fremdländischer Name, gleich als müßte auch der Dichter sich und sein Eigenstes in ein Fremdes schicken, d. h. bringen und fügen. Das Datum nennt einen »Maitag« und ein Jahr, in dem Hölderlin noch nicht lebte (StA II, S. 306).

Griechenland

Wie Menschen sind, so ist das Leben prächtig,
Die Menschen sind der Natur öfters mächtig,
Das prächt'ge Land ist Menschen nicht verborgen
Mit Reiz erscheint der Abend und der Morgen.
Die offnen Felder sind als in der Erndte Tage
Mit Geistigkeit ist weit umher die alte Sage,
Und neues Leben kommt aus Menschheit wieder
So sinkt das Jahr mit einer Stille nieder.

Den 24ten Mai 1748   Mit Unterthänigkeit
                                                              Scardanelli.

DAS GEDICHT

> Durchgesehener Text des Vortrages zum
> 70. Geburtstag von Friedrich G. Jünger am
> 25. August 1968 in Amriswil.

Über das Gedicht sprechen, das hieße: von oben her und somit von außen darüber befinden, was das Gedicht ist.
Mit welcher Befugnis, aus welcher Kenntnis könnte dies geschehen? Beides fehlt. Darum wäre es Anmaßung, über das Gedicht sprechen zu wollen. Wie aber anders?
Eher so, daß wir vom Gedicht her uns sagen lassen, worin sein Eigentümliches bestehe, worauf dieses beruhe.
Um es hinreichend zu vernehmen, müssen wir mit dem Gedicht vertraut sein. Doch wahrhaft vertraut mit dem Gedicht und dem Dichten ist allein der Dichter. Die dem Gedicht gemäße Art, von ihm zu sagen, kann nur das dichterische Sagen sein. Darin spricht der Dichter weder über das Gedicht noch von dem Gedicht. Er dichtet das Eigentümliche des Gedichtes. Dies aber trifft er nur, wenn er aus der Bestimmung seines Gedichtes dichtet und einzig diese selbst.
Ein seltsamer, wenn nicht gar ein geheimnisvoller Dichter. Es gibt ihn. Er heißt Hölderlin.
Allein er ist uns – so scheint es – immer noch nicht so nahe, daß sein Wort uns erreicht, uns getroffen hat, daß wir die Getroffenen sind – und bleiben.
In Hölderlins Dichtung erfahren wir dichterisch das Gedicht.
»Das Gedicht« – dieses Wort verrät jetzt seine Zweideutigkeit.
»Das Gedicht« kann meinen: das Gedicht überhaupt, den Begriff vom Gedicht, der für alle Gedichte der Weltliteratur gilt.
»Das Gedicht« kann aber auch bedeuten: das ausgezeichnete Gedicht, gezeichnet dadurch, daß es allein schicksalhaft uns

Das Gedicht

angeht, weil es uns selbst, das Geschick dichtet, in dem wir stehen, ob wir es wissen oder nicht, ob wir bereit sind, uns darein zu schicken oder nicht.
Daß Hölderlin den Dichter und seine Bestimmung und damit das Eigentümliche des Gedichtes, dessen Eigenes, dichtet, zeigen uns Überschriften von Gedichten wie »Dichterberuf«, »Dichtermuth« und diese Gedichte selbst in ihren mehrfachen Fassungen.
Indes handelt Hölderlins dichterisches Denken auch von der Dichtung in der Form von Aufsätzen und Entwürfen: »Über die Verfahrensweise des poëtischen Geistes«, »Über den Unterschied der Dichtarten«, »Über die Parthien des Gedichts« (StA IV, S. 241 ff.); weitgreifender noch aus dem dichterischen Einblick in seine Übersetzungen der »Trauerspiele des Sophokles«, in den »Anmerkungen zum Ödipus«, in den »Anmerkungen zur Antigonä« (StA V, S. 193 ff., 263 ff.).
Allein diese »Aufsätze über ...« und »Anmerkungen zu ...« beruhen auf der ständig sich prüfenden dichterischen Erfahrung seines Gedichtes und dessen Bestimmung.
Daß Hölderlin auf dem Grunde seines leicht zerstörbaren und oft genug in sich zurückgescheuchten Wesens die eigene Art seines Gedichtes in aller Klarheit weiß, sagt er in der dritten Strophe der Elegie »Brod und Wein«, die er seinem Dichterfreund Heinze widmet und dem er zuruft (StA II, S. 91, v. 41 ff.):

... So komm! daß wir das Offene schauen,
Daß ein Eigenes wir suchen, so weit es auch ist.

... jeglichem auch ist eignes beschieden,
Dahin gehet und kommt jeder, wohin er es kann.

Das Eigene seines Gedichtes hat der Dichter sich nicht erdacht. Es ist ihm beschieden. Er fügt sich der Bestimmung und folgt der Berufung. Hölderlin nennt sie in einer Variante zum selben Gesang.
In Hölderlins Dichtungswerk und dessen handschriftlicher Überlieferung hat es eine besondere Bewandtnis mit den Varianten.

Die Worte und Wendungen, die nicht in das vollendete Gedicht aufgenommen sind, enthalten bisweilen jähe, tieferreichende Einblicke in das Eigentümliche seines Gedichtes. Die Lesart zu den Versen 45/46 von »Brod und Wein« lautet (StA II, S. 597):

> Vor der Zeit! ist Beruf der heiligen Sänger und also
> Dienen und wandeln sie großem Geschike voran.

»Vor der Zeit!« Welcher Zeit vorauf sagen die berufenen Dichter ihr Wort? Welches Geschick ist das große? Hölderlin sagt es von der Zeit, inbezug auf die der Dichter vorzeitig spricht, in dem Gesang »Mnemosyne« (StA II, S. 193, v. 16 f.):

> Lang ist / Die Zeit.

Wie lang denn, fragen wir. So lang, daß sie auch über unser gegenwärtiges, götterloses Zeitalter hinwegreicht. Dieser langen Zeit entsprechend, muß auch das vorzeitige Wort der Dichter lang — weithinaus wartend — sein. Es muß »Das große Geschick« rufen. Es muß die Ankunft der gegenwärtigen Götter dichten.

Aber muß denn, was »gegenwärtig« ist, erst noch ankommen? Allein »Ankunft« meint hier nicht: schon angekommen sein, sondern das Geschehnis des frühen Ankommens. Die so Ankommenden zeigen sich in einem eigentümlichen Nahekommen. In diesem Kommen sind sie auf ihre Weise gegenwärts zum Dichter: die Ankommenden sind gegen-wärtige Götter. Die so ankommenderweise Gegenwärtigen sind freilich nicht die wiederkehrenden entflohenen Götter des alten Griechenlandes, obzwar auch diese für Hölderlin als die entflohenen auf ihre Weise gegenwärtig bleiben und den Dichter angehen. Der Beginn der zweiten Strophe der Hymne »Germanien« lautet (StA II, S. 149):

> Entflohene Götter! auch ihr, ihr gegenwärtigen, damals
> Wahrhaftiger, ihr hattet eure Zeiten!

Die damals wahrhaftiger Gegenwärtigen sind nicht vergangen, sie sind nicht ausgelöscht, sondern nur weggegangen.

Das Gedicht

Das Ankommen der gegenwärtigen Götter bedeutet somit keineswegs das Wiederkommen der alten Götter. Von der Ankunft, die Hölderlin dichterisch erfährt, sagt eine andere Variante zur Elegie »Brod und Wein« (StA II, S. 603, 19 ff.) deutlicher:

> Lang und schwer ist das Wort von dieser Ankunft aber
> Weiß ist (d. h. hell) der Augenblick. Diener der Himmlischen sind
> Aber, kundig der Erd, ihr Schritt ist gegen den Abgrund
> Der Menschen.

Vermöchten wir diesen Text gut zu deuten, er böte eine Hilfe, um das Eigentümliche des Gedichtes zu erfahren, das zu dichten Hölderlin beschieden ist. Aber dieser Text bietet der jetzt gewagten Besinnung zu große Schwierigkeiten, deshalb wählen wir ein anderes Wort des Dichters.

Es kommt bei aller Dichte seiner Fügung unsrer Frage nach dem Gedicht Hölderlins unmittelbar entgegen. Das im folgenden erörterte Wort des Dichters ist gleichfalls eine Variante, und zwar eine späte zu seinem großen Gesang »Der Archipelagus« V. 261–268 (StA II, S. 111).

Es sind sieben Verszeilen. Sie wurden zum ersten Mal von Friedrich Beißner 1951 in der zweiten Hälfte des zweiten Bandes der Stuttgarter Hölderlin-Ausgabe (S. 646) veröffentlicht. Der Text lautet:

> Aber weil so nahe sie sind die gegenwärtigen Götter
> Muß ich seyn, als wären sie fern, und dunkel in Wolken
> Muß ihr Nahme mir seyn, nur ehe der Morgen
> Aufglänzt, ehe das Leben im Mittag glüht
> Nenn' ich stille sie mir, damit der Dichter das seine
> Habe, wenn aber hinab das himmlische Licht geht
> Denk' ich des vergangenen gern, und sage — blühet indeß.

Sobald Hölderlin »das seine« hat, ist er inständig in der ihm beschiedenen Bestimmung, ist er der Dichter seines Gedichtes. Nach dessen Eigentümlichkeit fragen wir. Sie ist zu erfahren, wenn wir uns auf die folgenden Fragen einlassen:

Was ist »das seine« für den Dichter? Welches Eigene ist ihm beschieden? Wohin nötigt ihn der Bescheid? Woher kommt der Bescheid? Auf welche Weise nötigt er?

> Aber weil so nahe sind die gegenwärtigen Götter
> Muß ich seyn, als wären sie fern, und dunkel in Wolken
> Muß ihr Nahme mir seyn ...

Wir hören zweimal ein »muß«. Das eine steht am Beginn des zweiten, das andere am Beginn des dritten Verses. Das eine »muß« betrifft das Verhältnis des Dichters zur Anwesenheit der gegenwärtigen Götter. Das andere »muß« betrifft die Art der Namen, durch die der Dichter die gegenwärtigen Götter nennt. Inwiefern das eine und das andere »muß« zusammengehören und das Selbe angehen, nämlich das Dichten, in das sich Hölderlin genötigt sieht, wird sich zeigen, sobald deutlicher geworden ist, in welche Art des Dichtens sich der Dichter fügen muß.
Doch zuvor fragen wir: Woher kommt die Nötigung?
Warum dieses zwiefältige Geheiß?
Der erste der sieben Verse gibt die alle folgenden übergreifende Antwort:
»Weil so nahe sie sind die gegenwärtigen Götter«
Seltsam — man möchte meinen, wenn die gegenwärtigen Götter dem Dichter so nahe sind, dann ergäbe sich das Nennen ihrer Namen von selbst und bedürfe keiner besonderen Weisungen an den Dichter. Allein das »so nahe« bedeutet nicht »genügend nahe« sondern »zu nahe«. Die Patmoshymne beginnt:
»Nah ist und schwer zu fassen der Gott.« Das »und« meint: und deshalb. Der Gott ist zu nahe, als daß er leicht zu fassen wäre. Das selbe Wort wie »nahe« spricht im Wort »genau«. Das alte »genau« bedeutet: nahegehend. In derselben Hymne »Patmos« lesen wir in V. 78 ff. (StA II, S. 167) die schwer zu deutenden Verse:

> Es liebte der Gewittertragende die Einfalt
> Des Jüngers und es sahe der achtsame Mann
> Das Angesicht des Gottes genau,

Das Gedicht

Zu nah, zu nahegehend sind die in der Richtung auf den Dichter zu, gegenwärts zu ihm, ankommenden Götter. Offenbar dauert dieses Ankommen lange Zeit, ist darum noch bedrängender und deshalb noch schwerer zu sagen als die vollendete Anwesenheit. Denn auch diese vermag der Mensch nicht geradehin unmittelbar zu vernehmen und das durch sie gespendete Gut zu empfangen. Darum heißt es am Ende der fünften Strophe von »Brod und Wein« (StA II, S. 92/93 v. 87 ff.):

> So ist der Mensch; wenn da ist das Gut, und es sorget mit Gaaben
> Selber ein Gott für ihn, kennet und sieht er es nicht.
> Tragen muß er, zuvor; nun aber nennt er sein Liebstes,
> Nun, nun müssen dafür Worte, wie Blumen, entstehn.

Bis das Wort gefunden ist und erblüht, gilt es, Schweres auszutragen. Dieses Schwere bringt das dichterische Sagen in die Not. Sie nötigt. Sie kommt aus der »Sphäre des Gottes«. Das Element des Göttlichen ist das Heilige. Darum sagt Hölderlin im Gesang »Am Quell der Donau« (StA II, S. 128, v. 89 ff.):

> Wir nennen dich, heiliggenöthiget, nennen,
> Natur! dich wir, und neu, wie dem Bad entsteigt
> Dir alles Göttlichgeborne.

»heiliggenöthiget« — dieses Wort hören wir nur einmal an dieser Stelle im Ganzen der Dichtung Hölderlins. Es spricht der überall in ihr ungesprochen waltende Anspruch, unter dem sein Dichten steht. Dieses Wort deutet uns das »muß«, das den Dichter nötigt »damit er das seine / Habe«.

Wohin findet sich der Dichter genötigt?

> Aber weil so nahe sie sind die gegenwärtigen Götter
> Muß ich seyn, als wären sie fern, und dunkel in Wolken
> Muß ihr Nahme mir seyn, nur ...
> ...
> Nenn' ich stille sie mir ...

»heiliggenöthiget« wird der Dichter in ein Sagen, das »nur« ein stilles Nennen ist.

Der Name, in dem dieses Nennen spricht, muß dunkel sein.
Der Ort, von dem aus der Dichter die Götter nennen soll, muß

so sein, daß ihm die zu Nennenden in der Gegenwart ihres Kommens fern und so gerade die Kommenden bleiben. Damit diese Ferne sich als Ferne öffne, muß der Dichter sich aus der bedrängenden Nähe der Götter zurücknehmen und sie »nur stille nennen«.

Welcher Art ist solches Nennen? Was heißt überhaupt »nennen«? Besteht das »nennen« darin, daß etwas mit einem Namen belegt wird? Und wie kommt es zu einem Namen?

Der Name sagt, wie etwas heißt, wie es genannt zu werden pflegt. Das Nennen ist auf einen Namen angewiesen. Und der Name ergibt sich aus dem Nennen. Mit dieser Erklärung drehen wir uns im Kreise.

Das Zeitwort »nennen« leitet sich her vom Hauptwort Name, nomen, ὄνομα. Darin steckt die Wurzel »gno«, γνῶσις, d. h. Kenntnis. Der Name macht bekannt. Wer einen Namen hat, ist weithin bekannt. Nennen ist ein Sagen, d. h. Zeigen, das eröffnet, als was und wie etwas in seiner Anwesenheit zu erfahren und zu behalten sei. Das Nennen enthüllt, entbirgt. Nennen ist das erfahren-lassende Zeigen. Wenn dieses jedoch so geschehen muß, daß es sich aus der Nähe des zu Nennenden entfernt, dann wird solches Sagen des Fernen als Sagen in die Ferne zum Rufen. Wenn aber das zu Rufende zu nahe ist, muß, damit das Gerufene in seine Ferne gewahrt bleibt, als Genanntes seines Namens »dunkel« sein. Der Name muß verhüllen. Das Nennen ist als entbergendes Rufen zugleich ein Verbergen.

Das soeben gehörte Wort »Natur« ist der wahrhaft dunkle, verhüllend-enthüllende Name in Hölderlins Dichtung. Wenn gar das Nennen »heiliggenöthiget« ist, dann müssen die Namen, in denen es ruft, heilige Namen sein.

In der Schlußstrophe der Elegie »Heimkunft«, die bald nach Hölderlins Heimkehr aus der Schweiz entstand — der Dichter hat sich nur wenige Monate als Hauslehrer in dem uns hier nahen Hauptwil aufgehalten — heißt es (StA II, S. 99, v. 101):

Schweigen müssen wir oft; es fehlen heilige Nahmen,

Das Gedicht

Schweigen — heißt dies nur: nichts sagen, stumm bleiben? Oder kann wahrhaft schweigen erst, wer etwas zu sagen hat? In diesem Falle würde im höchsten Maße schweigen, wer es vermöchte, in seinem Sagen und gerade einzig durch dieses das Ungesagte, und zwar als ein solches erscheinen zu lassen.
Hölderlin bekennt

> . . ., nur ehe der Morgen
> Aufglänzt, ehe das Leben im Mittag glühet
> Nenn' ich stille sie mir . . .

Soll dies heißen, daß der Dichter das zu Nennende bloß für sich behält und nichts davon gegenüber den Mitmenschen verlauten läßt? Geschähe dies, dann wäre er seinem Dichterberuf untreu geworden.
Der Dichter nennt sich »die gegenwärtigen Götter« »stille«.
»still« bedeutet: gestillt, zur Ruhe gekommen, zu jener Ruhe, in der das Sichfügen in das Bescheiden beruht, indem es der heiligen Nötigung entspricht und damit zufrieden ist. In Hölderlins Gesang »Friedensfeier« spricht immer wieder das Wort »stille«.
Das stille Nennen geschieht »ehe der Morgen / Aufglänzt, ehe das Leben im Mittag glühet«.
»ehe« ist eine Zeitbestimmung, und zwar der Zeit, die sich allein durch Ankunft und Nähe, durch Flucht und Entzug der Götter zeitigt.
Das heiliggenötigte Nennen muß geschehen, bevor die wahrhafte Ankunft am Morgen des Göttertages beginnt und sich am Mittag vollendet, wenn das Feuer am Himmel glüht. Zu dieser Zeit erscheint »Der Gott gehüllt in Stahl«. So sagt es Hölderlin in der Schlußstrophe der Rheinhymne (StA II, S. 148, v. 210 ff.). Im Entwurf zu einem späten Gedicht (StA II, S. 249, v. 6 f.) spricht er vom »Feuerstahl des lebenswarmen Heerds.« (Der Stahl schlägt Funken und ist so auf das Feuer bezogen.) »Der Gott gehüllt in Stahl« bedeutet: der Gott ins Feuer des Himmels gehüllt, oder in Wolken. Das die Augen blendende Him-

melsfeuer ist nicht minder verhüllend als das Dunkel der Wolken.
Die Zeitbestimmung »ehe« meint jenes »Vor der Zeit!«, der die Dichter mit ihrem nennenden Sagen vorausgeworfen sind.
»nur ... / Nenn' ich stille sie mir« — das »mir« könnte auf das Ich der Person Hölderlins bezogen werden, wenn nicht, unmittelbar anschließend, in derselben Verszeile die Worte folgten:

> Damit der Dichter das seine / Habe.

»mir«, d. h. dem Dichter sind die gegenwärtigen Götter, die fernher nahenden, als die im Rufen zu nennenden, beschieden. Ihre zu nahe Anwesenheit nötigt ihn, sein nennendes Sagen an den schon erwähnten Ort der Ferne zu ihnen zurückzunehmen.
Was erwartet ihn dort? Hölderlin sagt es am Beginn seiner letzten großen Hymne »Mnemosyne«, die im Jahre 1800 entstand (StA II, S. 197, v. 5 ff.):

> ... Und vieles
> Wie auf den Schultern eine
> Last von Scheitern ist
> Zu behalten.

Die Ferne des nahenden Gottes verweist die Dichter in die Richtung nach jener Gegend ihres Daseins, wo diesem der Boden, der tragende Grund, wegsinkt. Die Abwesenheit dieses Grundes nennt Hölderlin den »Abgrund«. In der angeführten Variante zur Elegie »Brod und Wein«, die beginnt: »Lang und schwer ist das Wort von dieser Ankunft«, sagt Hölderlin von den »Dienern der Himmlischen«, d. h. von den Dichtern:

> Ihr Schritt ist gegen den Abgrund / Der Menschen.

»gegen« bedeutet: in der Richtung nach dem Abgrund.
Zum Sagen des Wortes von der Ankunft auszuharren, ist dem Dichter beschieden: »damit er das seine / Habe.« Der Ton liegt nicht allein auf dem Wort »das seine«, sondern zugleich und mehr noch auf dem »Habe«, welches Wort herausgehoben am

Das Gedicht 191

Beginn der folgenden Verszeile steht. Es gilt, das rechte Haben des eigenen zu vollbringen. Es gilt, »die Last zu behalten«. Es gilt, die Not des nennenden Sagens der Ankunft der gegenwärtigen Götter auszudauern. Es gilt, dieses Sagen »stille« zu tragen.
Aber das Seine gehört dem Dichter wiederum nicht als ein selbsterworbener Besitz. Das Seine besteht vielmehr darin, daß der Dichter dem gehört, wofür er gebraucht ist. Denn das Sagen des Dichters ist in den Gebrauch genommen, zeigend, verhüllend-enthüllend, die Ankunft der Götter erscheinen zu lassen, die das Wort des Dichters für ihr Erscheinen brauchen, dafür daß sie im Erscheinen erst sie selbst sind.
In der achten Strophe der Hymne »Der Rhein« heißt es (StA II, S. 145, v. 109 ff.):

> ... Denn weil
> Die Seeligsten nichts fühlen von selbst,
> Muß wohl, wenn solches zu sagen
> Erlaubt ist, in der Götter Nahmen
> Theilnehmend fühlen ein Andrer,
> Den brauchen sie;

Und in dem ein Jahr zuvor (um 1800) entstandenen Gesang »Der Archipelagus« sagt Hölderlin (StA II, S. 104, v. 60 f.):

> Immer bedürfen ja, wie Heroën den Kranz, die geweihten
> Elemente zum Ruhme das Herz der fühlenden Menschen.

Ruhm und rühmen sind hier im pindarischen, griechischen Sinne zu denken als Erscheinenlassen. Der dem Herzen der fühlenden Menschen Vorausfühlende ist der Dichter. Er ist der Andere, der von den Göttern Gebrauchte.
Mit diesem scheu gewagten Wort vom Bedürfen der Götter und dem entsprechenden Gebrauchtsein des Dichters rührt Hölderlin an die Grunderfahrung seines Dichtertums. Dieses Erfahren sachgerecht zu denken, dem Bereich nachzufragen, in dem es spielt, dem ist das bisherige Denken noch nicht gewachsen.

Das Gedicht, das Gedicht Hölderlins versammelt das Dichten als heiliggenötigtes, himmlisch gebrauchtes Nennen der gegenwärtigen Götter in die gefügte Sage, die, seitdem Hölderlin sie gesprochen hat, in unserer Sprache spricht, gleichviel, ob sie gehört wird oder nicht.

Die Ode unter der Überschrift »Ermunterung«, vom Dichter am Beginn des Jahres 1801 vollendet, hebt an mit dem Ruf »Echo des Himmels!«. Dieses Echo ist das Gedicht Hölderlins.

> Aber weil so nahe sie sind die gegenwärtigen Götter
> Muß ich seyn, als wären sie fern, und dunkel in Wolken
> Muß ihr Nahme mir seyn, nur ehe der Morgen
> Aufglänzt, ehe das Leben im Mittag glühet
> Nenn' ich stille sie mir, damit der Dichter das seine
> Habe, wenn aber hinab das himmlische Licht geht
> Denk' ich des vergangenen gern, und sage — blühet indeß!

ANHANG

VORBEMERKUNG ZUR WIEDERHOLUNG DER REDE
(am 21. Juni 1943 in der Aula der Universität)

Eine Feier des »Andenkens an den Dichter« dürfen wir, selbst wenn wir es vermöchten, nie wiederholen. Dagegen müssen wir das Denken an den Dichter immer neu nach der Weise einüben, in der allein es beginnen kann. Das ist der Versuch, an das Gedichtete zu denken. Solches Andenken entspringt einer Zwiesprache des Denkens mit dem Dichten, ohne daß zunächst die Zwiesprache selbst und das, woher sie spricht, zur Sprache kommt.

Das Gedichtete ist aufbewahrt im Gedicht. Zur Einübung des »Andenkens an den Dichter« hören wir auf die Elegie »Heimkunft«. Alle Gedichte des in sein Dichtertum eingegangenen Dichters sind Gedichte der Heimkunft. Wenn wir diesen Gedichten die überlieferten Bezeichnungen »Elegie« (Trauergesang) und »Hymne« (Preislied) geben, dann dürfen wir das nur, wenn wir das Wesen der Trauer kennen, die hier trauernde Gesänge singt, und wenn wir das Wesen des Heiligen wissen, das in diesen Gedichten gerufen wird. Vom einen und vom anderen, von der Trauer und vom Heiligen, vom Wechselbezug beider, singt der Gesang »Heimkunft«. Auf das, was den Dichter in sein Dichtertum ruft (»das Heilige«), und auf die Weise, wie der Dichter das Zu-Dichtende sagen muß (»die Sorge«), »sinnt« das Gedicht »Heimkunft«. Darum und nur darum läßt uns die folgende Rede auf dieses Gedicht, die letzte Elegie Hölderlins, aufmerken. Das Innerste des Gedichtes ist in Vers 42 verborgen, der die Landesleute nennt,

Denen der heilige Dank lächelnd die Flüchtlinge bringt,

Darüber schweigt die Rede.

Was jedoch diese Gedichte Hölderlins in Wahrheit sind, wissen wir trotz der Namen »Elegie« und »Hymne« bis zur Stunde nicht. Die Gedichte erscheinen wie ein tempelloser Schrein, worin das Gedichtete aufbewahrt ist. Die Gedichte sind im Lärm der »undichtrischen Sprachen« (IV, 257) wie eine Glocke, die im Freien hängt und schon durch einen leichten, über sie kommenden Schneefall verstimmt wird. Vielleicht deshalb sagt Hölderlin in späten Versen einmal das Wort, das wie Prosa klingt und doch dichterisch ist wie kaum eines (Entwurf zu Kolomb IV, 395):

> Von wegen geringer Dinge
> Verstimmt wie vom Schnee war
> Die Glocke, womit
> Man läutet
> Zum Abendessen.

Vielleicht ist jede Erläuterung dieser Gedichte ein Schneefall auf die Glocke. Was immer auch eine Erläuterung vermag und was sie nicht vermag, von ihr gilt stets dieses: damit das im Gedicht rein Gedichtete um einiges klarer dastehe, muß die erläuternde Rede sich und ihr Versuchtes jedesmal zerbrechen. Um des Gedichteten willen muß die Erläuterung des Gedichtes darnach trachten, sich selbst überflüssig zu machen. Der letzte, aber auch schwerste Schritt jeder Auslegung besteht darin, mit ihren Erläuterungen vor dem reinen Dastehen des Gedichtes zu verschwinden. Das dann im eigenen Gesetz stehende Gedicht bringt selbst unmittelbar ein Licht in die anderen Gedichte. Daher meinen wir beim wiederholenden Lesen, wir hätten die Gedichte schon immer so verstanden. Es ist gut, wenn wir das meinen.

VORWORT ZUR LESUNG
VON HÖLDERLINS GEDICHTEN

Ob wir es einmal noch erkennen?
Hölderlins Dichtung ist für uns ein Schicksal. Es wartet darauf, daß die Sterblichen ihm entsprechen.
Was sagt Hölderlins Dichtung? Ihr Wort ist: das Heilige. Dies Wort sagt von der Flucht der Götter. Es sagt, daß die entflohenen Götter uns schonen. Bis wir gesonnen sind und vermögend, in ihrer Nähe zu wohnen. Der Ort der Nähe ist das Eigentümliche der Heimat. Nötig bleibt deshalb, den Aufenthalt in dieser Nähe vorzubereiten. So vollziehen wir den ersten Schritt auf dem Weg, der uns dorthin führt, wo wir dem Schicksal, das Hölderlins Dichtung ist, schicklich entsprechen. Aber dadurch gelangen wir erst in den Vorort der Ortschaft, in der vielleicht »der Götter Gott« erscheint. Denn kein menschliches Rechnen und Machen kann von sich aus und durch sich allein eine Wende des gegenwärtigen Weltzustandes bringen; schon deshalb nicht, weil die menschliche Machenschaft von diesem Weltzustand geprägt und ihm verfallen ist. Wie soll sie dann je noch seiner Herr werden?

Hölderlins Dichtung ist für uns ein Schicksal. Es wartet darauf, daß die Sterblichen ihm entsprechen. Die Entsprechung führt auf den Weg einer Einkehr in die Nähe der entflohenen Götter: in den Raum ihrer uns schonenden Flucht.

Doch wie sollen wir dies alles erkennen und behalten? Dadurch, daß wir auf Hölderlins Dichtung hören.

Indes können nur wenige Gedichte hier gesprochen werden. Das Wenige beschränkt sich auf eine Auslese. Sie bleibt mit dem Anschein der Willkür behaftet. Er mildert sich, wenn wir durch ein öfteres Hören williger den Leitworten folgen, die der Dichtung Hölderlins entnommen sind.

Das erste Leitwort lautet:

Alles ist innig

(Entwurf »Gestalt und Geist«
Stuttg. Ausg. II,1, S. 321)

Dies will sagen: Eines ist in das Andere vereignet, aber so, daß es dabei selber in seinem Eigenen bleibt, sogar erst in dieses gelangt: Götter und Menschen, Erde und Himmel. Die Innigkeit meint kein Verschmelzen und Verlöschen der Unterscheidungen. Innigkeit nennt das Zusammengehören des Fremden, das Walten der Befremdung, den Anspruch der Scheu.

Das zweite Leitwort ist eine Frage:

wie bring' ich den Dank?

(Heimkunft, letzte Strophe)

Der Dank ist das scheu verehrende, zustimmende Andenken an das Gewährte, sei es auch nur ein Zeichen in die Nähe zur Flucht der uns schonenden Götter.

Das dritte Leitwort sagt:

Tiefprüfend ist es zu fassen

(Friedensfeier, fünfte Strophe)

Die Prüfung muß *durch die Knie* gegangen sein. Der Eigensinn muß sich beugen und wegschwinden. Dem Sinnen und Denken liegt nur das Eine ob, dem Dichten vorzudenken, um dann vor ihm zurücktreten zu können. –

Durch das wiederholte Hören werden wir hörender. Aber auch achtsamer auf die Weise, wie das Gesagte des Dichters gesprochen sein möchte. Denn schwieriger noch als die Auswahl der Gedichte ist das Treffen des Tones. Es kann in dem einen Augenblick des technisch festgehaltenen Sprechens glücken, es kann ebenso leicht mißglückt sein.

Vorwort zur Lesung von Hölderlins Gedichten

Der Dichter selbst weiß es, weiß es wie niemand sonst, daß der rechte Ton des Sagens leicht verfehlt wird. In späten Versen heißt es:
> Von wegen geringer Dinge
> Verstimmt wie vom Schnee war
> Die Glocke, womit
> Man läutet
> Zum Abendessen.

In diesen Worten wird durch das geringe Tägliche das Ungewöhnliche, das Große genannt:
Das Abendessen ist der Abend der Zeit, wo es sich wendet.
Der Schnee ist der Winter:

> Weh mir, wo nehm' ich, wenn
> Es Winter ist, die Blumen, und wo
> Den Sonnenschein,
> Und Schatten der Erde?

(Hälfte des Lebens)

Die Glocke aber – ihr Klang – ist der Gesang des Dichters. Er ruft in die Wende der Zeit.

ANMERKUNGEN

»Heimkunft / An die Verwandten.« Die Rede wurde zum Andenken an den Dichter bei der Feier seines hundertsten Todestages in der Aula der Universität Freiburg i. Br. am 6. Juni 1943 gesprochen und am 21. Juni 1943 am selben Ort wiederholt. Sie erschien 1944 zusammen mit der 1936 in Rom gehaltenen Rede »Hölderlin und das Wesen der Dichtung" unter dem Titel *Erläuterungen zu Hölderlins Dichtung* bei V. Klostermann, Frankfurt a. M. Die öffentliche Verbreitung und Besprechung der 1. Auflage der *Erläuterungen* waren untersagt. Da sie unter diesen Umständen für weiteste Kreise so gut wie unzugänglich blieb, wurde die Gedächtnisrede, die, im Gegensatz zu dem Vortrag in Rom, sonst nirgends veröffentlicht worden war, 1948 im Trivium (Jahrg. VI, Heft 1) neu abgedruckt.

Hölderlin und das Wesen der Dichtung. Die Rede wurde am 2. April 1936 in Rom gehalten und im Dezemberheft 1936 der Zeitschrift »Das innere Reich« veröffentlicht. Ein Sonderdruck erschien 1937 in der 1. und 2: Auflage bei Albert Langen / Georg Müller, München.

»Wie wenn am Feiertage . . .« Die Rede wurde in den Jahren 1939 und 1940 mehrfach gehalten und erschien 1941 bei M. Niemeyer, Halle a. d. S.

»Andenken«. Die Abhandlung erschien als Beitrag zu der *Tübinger Gedenkschrift* zum hundertsten Todestag Hölderlins (hrsg. von P. Kluckhohn), 1943 bei J. C. B. Mohr, Tübingen.

Hölderlins Erde und Himmel. Vortrag, gehalten bei der Tagung der Hölderlin-Gesellschaft in München am 6. Juni 1959 im Cuvilliés-Theater der Residenz und erschienen im Hölderlin-Jahrbuch 1958 bis 1960.

Das Gedicht. Durchgesehener Text des Vortrages zum 70. Geburtstag von Friedrich Georg Jünger am 25. August 1968 in Amriswil.

Vorbemerkung zur Wiederholung der Rede. Vorgetragen vor der Wiederholung der Rede »Heimkunft / An die Verwandten« am 21. Juni 1943 in der Aula der Universität Freiburg i. Br. Zuerst veröffentlicht in den »Erläuterungen zu Hölderlins Dichtung«, Frankfurt am Main 1944, S. 31 f.

Vorwort zur Lesung von Hölderlins Gedichten. Gesprochen auf der Sprechplatte »Martin Heidegger liest Hölderlin«. Verlag Günther Neske, Pfullingen 1963

Die Texte der ersten vier *Erläuterungen* sind nach der durch Norbert v. Hellingrath begonnenen »historisch-kritischen Ausgabe« 2. Aufl. 1923, die Texte der zwei letzten *Erläuterungen* nach der von Friedrich Beißner herausgegebenen Stuttgarter Ausgabe angeführt.

NACHWORT DES HERAUSGEBERS

I

Der hier vorgelegte Band 4 der Gesamtausgabe letzter Hand Martin Heideggers enthält den Text der 1971 erweiterten vierten, jetzt fünften Auflage der Einzelausgabe der »Erläuterungen zu Hölderlins Dichtung«.

Im *Anhang* wurden zwei kleine Texte aufgenommen. Die *Vorbemerkung* hatte Heidegger zur Wiederholung seiner Rede »Heimkunft / An die Verwandten« am 21. Juni 1943 in der Aula der Universität Freiburg vorgetragen und 1944 in der ersten Auflage der »Erläuterungen zu Hölderlins Dichtung« veröffentlicht. Einen Abschnitt dieser Vorbemerkung hatte er später in das Vorwort zur zweiten Auflage der »Erläuterungen zu Hölderlins Dichtung« (1951) eingearbeitet. – Das für den Druck von Heidegger stilistisch nur geringfügig verbesserte *Vorwort zur Lesung von Hölderlins Gedichten* hatte er für die Sprechplatte »Martin Heidegger liest Hölderlin« verfaßt. Im Anschluß an den auf der Platte als Vorbemerkung bezeichneten einleitenden Text liest er die Gedichte: Ermunterung, Die Wanderung, Heimkunft, Friedensfeier, Der Ister, Was ist Gott?, Was ist der Menschen Leben?, Aber in Hütten wohnet, Wie Meeresküsten, Heimath.

Ferner enthält der *Anhang* eine *photographische Wiedergabe* der zweiten und dritten Fassung des Hymnischen Entwurfes »Griechenland« aus Heideggers Exemplar des zweiten Bandes der »Großen Stuttgarter Ausgabe« von Hölderlins Sämtlichen Werken. Die vielen während der Ausarbeitung des Vortrages »Hölderlins Erde und Himmel« von Heidegger mit Bleistift eingetragenen Marginalien geben einen Einblick in die Werkstatt seiner »Erläuterungen«.

Sechs wesentliche *Randbemerkungen* Heideggers zu seinen »Erläuterungen zu Hölderlins Dichtung«, die seinen Handexemplaren entstammen, sind in den Fußnoten, die durch Kleinbuchstaben von den Textanmerkungen Heideggers abgehoben sind, abgedruckt. Bei den für die Randbemerkungen in Frage kommenden Handexemplaren handelt es sich um die zweite Auflage der »Erläuterungen zu Hölderlins Dichtung« (1951), in den Fußnoten abgekürzt durch EHD; ferner um die Erstauflage der Rede »Hölderlins Hymne ›Wie wenn am Feiertage...‹« (M. Niemeyer, Halle a.d.S., 1941); schließlich um den Sonderdruck aus dem Hölderlin Jahrbuch 1958-1960.

II

Detlev Lüders – seinerzeit Doktorand der Literaturwissenschaft bei Adolf Beck, heute Direktor des Freien Deutschen Hochstifts in Frankfurt am Main – bat in einem Brief vom 21. Februar 1953 Martin Heidegger um die Erklärung eines Satzes aus den »Erläuterungen zu Hölderlins Dichtung«, und hier aus der Rede über »Hölderlins Hymne ›Wie wenn am Feiertage...‹«. Dieser Satz lautet: »Der hier zugrunde gelegte Text beruht, nach den urschriftlichen Entwürfen erneut geprüft, auf dem folgenden Versuch einer Auslegung.« (Erläuterungen zu Hölderlins Dichtung. Gesamtausgabe Bd. 4, S. 51).

Zu diesem Satz bemerkt Detlev Lüders: »Ich verstehe nicht, wie ein Text auf seiner Auslegung beruhen kann; ein Text, denke ich, ist etwas im Wortlaut Feststehendes. Ihr Satz enthält das Paradox, daß der Text einerseits das ›Zugrundegelegte‹ ist, andererseits dennoch auf etwas beruht, das dadurch das noch ursprünglicher Zugrundeliegende wird; so daß der Text, von hier aus gesehen, nicht mehr das Zugrundegelegte heißen darf. Sie nennen ihn dennoch so.«

Martin Heidegger antwortete ihm am 24. Februar 1953. Diese Antwort veröffentlichte Detlev Lüders in seinem Aufsatz »Ein Brief Martin Heideggers zu seinen Hölderlin-Erläuterungen« in dem von ihm herausgegebenen Jahrbuch des

Freien Deutschen Hochstifts (M. Niemeyer, Tübingen 1977, S. 247-250). Der Brief Martin Heideggers hat folgenden Wortlaut:

Sehr geehrter Herr Lüders!
Sie haben recht. Der angeführte Satz (Erl. S. 50) ist in der vorliegenden Fassung unmöglich. Ich werde ihn, falls es noch einmal zu einer Neuauflage kommt, streichen.
Wenn Sie den Satz umdrehen, lautet er: »*Der folg. Versuch einer Auslegung beruht auf dem nach den handschriftlichen Entwürfen erneut geprüften Text.*«
In dieser Form ist der Satz so richtig, daß er zu einer groben Trivialität und deshalb überflüssig wird.
Die Frage, was ›*ein Text*‹ *sei, wie man ihn lesen soll u. w a n n er als Text vollständig angeeignet ist, bleibt freilich bestehen. Diese Fragen hängen so wesentlich mit der Frage nach dem Wesen der Sprache u. der Sprachüberlieferung zusammen, daß ich mich stets auf das Notdürftigste beschränkt habe, wenn über Interpretation, Erläuterungen u.s.f. etwas zu vermerken war. –*
Durch Beißner ist jetzt II, 2. 695 ff. gezeigt, daß das Zitat (Erl. 56) »*Wir nennen dich –*« *unvollständig ist. Aber ist deshalb die Interpretation unwahr, oder gar die Beißnersche Deutung der Stelle richtig? Gibt es einen Text an sich? –*
[...]
Mit besten Grüßen u. Wünschen für die Arbeit
M. Heidegger

Zutreffend stellt Detlev Lüders in seinem Aufsatz fest, daß es 1963 zur dritten und 1971 zur vierten Auflage der »Erläuterungen zu Hölderlins Dichtung« kam, und daß in beiden Neuauflagen der fragliche Satz – entgegen der Streichungsabsicht Heideggers – unverändert stehengeblieben ist.

Der Brief von Detlev Lüders wurde von Martin Heidegger in sein Handexemplar der zweiten Auflage der »Erläuterungen« eingelegt ohne eine Notiz von der Hand Heideggers. In diesem Handexemplar ist lediglich der fragliche Satz seitlich rot angestrichen. In seinem Handexemplar der Erstauflage (1941) seiner Rede über »Hölderlins Hymne ›Wie wenn am Feiertage...‹« ist das letzte Wort des fraglichen Satzes »Auslegung« mit Bleistift in Anführungszeichen gesetzt und leicht unterstrichen; am rechten Seitenrand notiert und unterstreicht Heidegger mit Bleistift: *Anmerkung*. Über diese Markierungen hinaus findet sich weder in den Handexemplaren noch im übrigen Nachlaß irgendein Hinweis, dem entnommen werden könnte, ob Martin Heidegger an der Streichungsabsicht festgehalten, ihre Ausführung jedoch bei den nächsten beiden Auflagen vergessen hatte, oder ob er es sich anders überlegt hatte und – entgegen der Ankündigung seines Briefes – den fraglichen Satz bewußt stehen ließ und ihn vielleicht durch eine Anmerkung, wie die Randnotiz in seinem Handexemplar vermuten läßt, erläutern wollte, wozu es aus unbekanntem Grunde nicht gekommen ist.

Für die Lösung der schwierigen Aufgabe, den feinen Bleistift der Marginalien Heideggers ohne Verluste zu reproduzieren, sage ich Herrn Walter v. Kempski meinen aufrichtigen Dank. Herrn cand. phil. Hans-Helmuth Gander danke ich für seine sorgfältige Korrekturhilfe.

Freiburg i. Br., im März 1981   F.-W. v. Herrmann